五行易の学び方

日盤鑑定判断法

角山素天 著

目的別
実占例
73題

東洋書院

復刊にあたって

角山素天先生が上梓された、『五行易の学び方』が発行されてから15年以上が経ちました。また『気学九星（秘伝）杭打ち開運法・日盤鑑定法入門』（東洋書院刊・いずれも品切れ）を発行されております。

先生は私の断易における最後の師匠であり、埼玉県狭山市の鑑定所に日盤鑑定を習いに行く傍ら断易の話も伺っておりました。本書が出版される以前から教授されていたので20年近い歳月が経っています。

さて先生の断易における占い方ですが、三変筮、つまり略筮という方法です。必ず独発となり、その化爻に神機を求める方法です。

断易には何通りかの占断法がございますがどのような占断法でも、先生を含め、ある壁を越えた術士はハっとするような判断をすることがあるのです。

私が台湾で占って貰っていた李先生という方もこの略筮で見事な判断をされていました。大阪の佐方天山先生の著作の中でも略筮が詳録されております。

また角山先生は断易の的中率を上げる為に日盤鑑定を使用されておました。本書には多くの実占例が掲載されているので、九星に感心のある術士の方に参考になる内容になっております。初心者にも非常に分かり易い文体です。

本書の発売時は、極く少数の流布でしたので斯界では稀覯本として垂涎の書となり、早くから復刊の期待が寄せられておりました。このたび『五行易の学び方　日盤鑑定判断法』として再刊されることは著者と共に感涙にむせぶことであります。

これをきっかけに運命学を学ぶ同志が増えることを願って止みません。

二〇二一年　九月

東海林　秀樹

はじめに

「占い」といえば、たいていの人は「手相」か「名前」と思い勝ちですが、占いには、周易、五行易（断易）、手相、人相、気学、水晶占い、墨色判断、筆跡占い、風水、奇門遁甲、霊感占い、日盤鑑定法などいろいろあります。

その各種占いには、それぞれ特長（徴）があり、お客さんの目的によって使い分けることが大切であります。

本書の五行易は、二者択一に迷ったときに占うと、進退、吉凶などに的確な判断をくだすことができます。

本占法では願望、金運、合性、結婚の時期、妊娠の時期、子供運、事業運、就職、従業員の採否、受験、選挙、訴訟、建築、移転、旅行、家出人、失物、天気、病気など、多岐にわたって占い、判断ができますので、四柱推命、日盤鑑定法の勉強とともに、ぜひ修得されることを希望いたします。

五行易の学び方　〈目　次〉

第二章 実占例

1 事業・商売占

2 健康運

5　婚姻占

6　妊娠占

10　旅行の吉凶占

11　受験と就職占

12　補　遺

付　録

第一章　五行易（断易）の構成

宿命占法としては四柱推命が最も高い確率を誇っておりますが、出処進退、二者択一を占なう占法に「周易《しゅうえき》」と「五行易《ごぎょうえき》」があります。

五行易は、周易の六十四卦《か》を借りて、卦に十二支《し》と六親《りくしん》（父母、官鬼、兄弟《けいてい》、妻財《さいざい》、子孫）を付し、また占う目的（占的《せんてき》）によって用神《ようじん》を決め、占った月と日からの強弱（旺相《おうそう》、休囚《きゅうしゅう》）を判断して吉凶を占います。

たとえば、3月6日に今月の金運を占って、地風升《ちふうしょう》の三爻《こう》を得たとします。

卯月己丑日（午未空亡《くうぼう》）

震木

酉官 ▅▅ ▅▅
亥父 ▅▅ ▅▅
丑才 ▅▅世▅▅　（午孫）伏神
酉官 ▅▅▅▅
亥父 ▅▅▅▅
丑才 ▅▅応▅▅

地風升　三爻変

用神
世爻（せこう）
妻財（才）
子孫

となります。難しいように見えますが、「六十四卦表《かひょう》」（230頁）を見れば分かりますし、また十二支の付け方も、順を追って説明いたします。

1　中筮《ちゅうぜい》と略筮《りゃくぜい》

五行易は普通、中筮《ちゅうぜい》で行っておりますが、私は略筮《りゃくぜい》で易卦を出しております。

2　占的《せんてき》と用神《ようじん》

「占的《せんてき》」と「用神《ようじん》」と月日を記入してから立筮して下さい。

3　世爻《せこう》と応爻《おうこう》

お客さんから依頼があった場合（客から直接頼まれるか、依頼を受けた場合）と、自由占（依頼をされていないとき）によって用神が変ります。

たとえば依頼があったときは、世爻《せこう》が用神、無いときは応爻《おうこう》が用神となります。

4　五行《ごぎょう》

木《もく》、火《か》、土《ど》、金《きん》、水《すい》の五つを五行といいます。

亥《い》、子《ね》、丑《うし》、寅《とら》、卯《う》、辰《たつ》、巳《み》、午《うま》、未《ひつじ》、申《さる》、酉《とり》、戌《いぬ》
水　水　土　木　木　土　火　火　土　金　金　土

なお、亥は陰、子は陽、寅は陽、卯は陰、辰は陽、巳は陰、午は陽、未は陰、申は陽、酉は陰、戌は陽です。

5　生《せい》と剋《こく》

生《せい》とは助ける、協力する、勢いがつく。剋《こく》とは、やっつける、制限する、つぶす、の意味です。

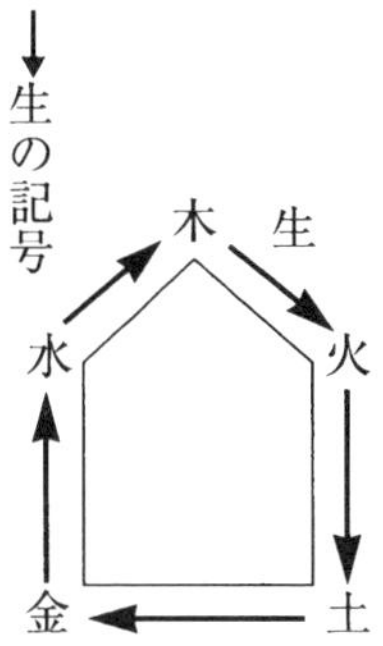

木は火を生じ、火は土を生じ、土は金を生じ、金は水を生じ、水は木を生じます。

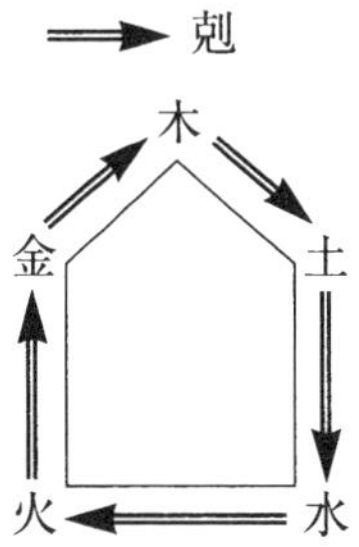

木は土を剋し、土は水を剋し、水は火を剋し、火は金を剋し、金は木を剋します。

6　冲《ちゅう》

冲《ちゅう》とは、はねとばす、の意味で強烈です。

冲とは、突きとばす、はねとばす、衝撃、対立、阻害の意味。

子（水）⇕午（火）……水のほうが強い

亥（水）⇕巳（火）……水のほうが強い

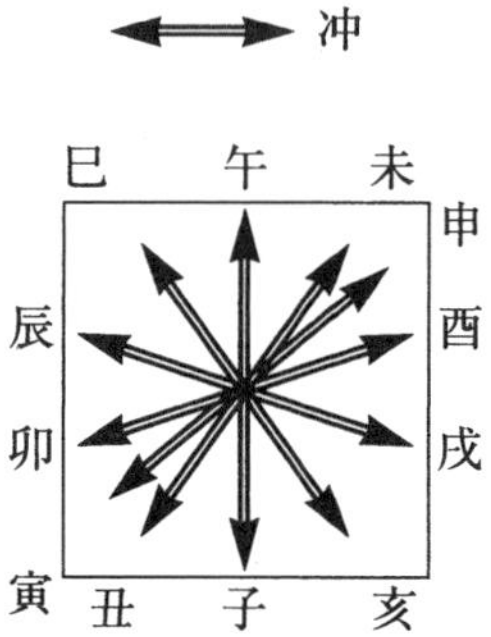

丑と未
辰と戌 ┘同じ（土）同士の冲です
申（金）⇕寅（木）……金のほうが強い
酉（金）⇕卯（木）……金のほうが強い

7

合《ごう》と剋合《こくごう》

合《ごう》―子と丑「しちゅう」と覚える。
寅と亥「トライ」と覚える。
卯と戌「お犬さま」と覚える。
辰と酉「立つ鳥跡を濁さず」と覚える。
巳と申「見ざる聞かざる」と覚える。
午と未「護美《ごみ》」と覚える。

剋合《こくごう》―子《水》と丑《土》

木　土
卯と戌
火　金
巳と申

剋合は、仲がよく見えても、相手に利用されていることがあります。

8　比和《ひわ》

親しみ（比）和するので、力が強くなる。

亥と子——水同士
寅と卯——木同士
巳と午——火同士
申と酉——金同士

丑と戌、辰
戌と丑、未
辰と未、丑
未と辰、戌

（注）未と丑は冲であり比和ではありません。辰と戌は冲であり比和ではありません。

9　生《せい》、旺《おう》、墓《ぼ》、絶《ぜつ》

	申酉	寅卯	巳午	亥子	丑辰未戌
	金	木	火	水	土
長生	巳	亥	寅	申	午
旺	酉	卯	午	子	戌
墓	丑	未	戌	辰	寅
絶	寅	申	亥	巳	卯

「長生」は助けてくれる。

「旺」は盛ん、強い。

「墓」はかくれる、弱くなる。

「絶」は無くなる。

（注）実占例で理解できるようになります。

10　八卦について

気学、九星では一白から九紫までをいいますが、易《えき》では、乾《けん》、兌《だ》、離《り》、震《しん》、巽《そん》、坎《かん》、艮《ごん》、坤《こん》の八卦に分類し、それを組合せて六十四卦となります。

また、乾は天、兌は沢、離は火、震は雷、巽は風、坎は水、艮は山、坤は地と覚えて下さい。

まず、陽《よう》（⚊）と陰（⚋）とがあります。
1、乾《けん》は、陽爻が三つ重なった、☰

2、兌《だ》は、
3、離《り》は、
4、震《しん》は、
5、巽《そん》は、
6、坎《かん》は、
7、艮《ごん》は、
8、坤《こん》は、

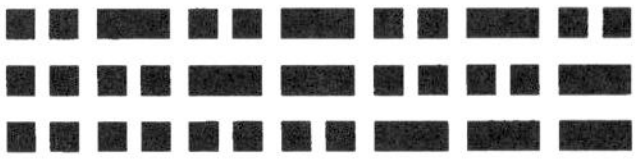

と記します。

11　卦の出し方

（1）八面体のサイコロ二個と、六面体のサイコロ一個。これが一番簡単です。

（2）月日時で卦を出す方法。たとえば3月6日の午後1時19分ならば、

3
6
1時19分
＝20
↓
3
6
20
―――
29

とします。

まず八卦を出すので、9を8で割ると、1が余ります。1は乾です。これが上卦《じょうか》です。

次に6と20を足すと26になり、これを8で割ると、2が余ります。2は兌です。

次に、3と6と20を足すと29になります。29を6で割ると、5が余ります。
この結果、卦爻は天沢履《てんたくり》の五爻変となります。

乾―天
兌―沢
離―火
震―雷
巽―風
坎―水
艮―山
坤―地

乾は天、兌は沢……というふうに覚えて下さい。

（3）車のナンバーで卦爻を出すには……。何か気にかかったとき、フト目についた車のナンバーを見ます。たとえば１３２７でしたら、

1
3
2
7
――
15

6は坎で、12は震です（4が余るので）。15を6で割ると3が余ります。水雷屯の三爻変

となります。また、たとえば６３８なら、

6
3
8
―
17

９は８で割ると１が余るので、乾です。11は３が余る離です。また17を６で割ると５が余ります。これで天火同人の五爻が出ました。

（注）「六十四卦表」は、巻末（230頁）を見て下さい。

12　納甲《なっこう》の原則（卦に十二支を付ける）

周易の六十四卦に十二支、六親、世爻《せこう》、応爻《おうこう》、伏神《ふくしん》を書く原則を述べます。

（イ）八純家《はちじゅんか》の陽卦（乾《けん》、震《しん》、坎《かん》、艮《こん》）

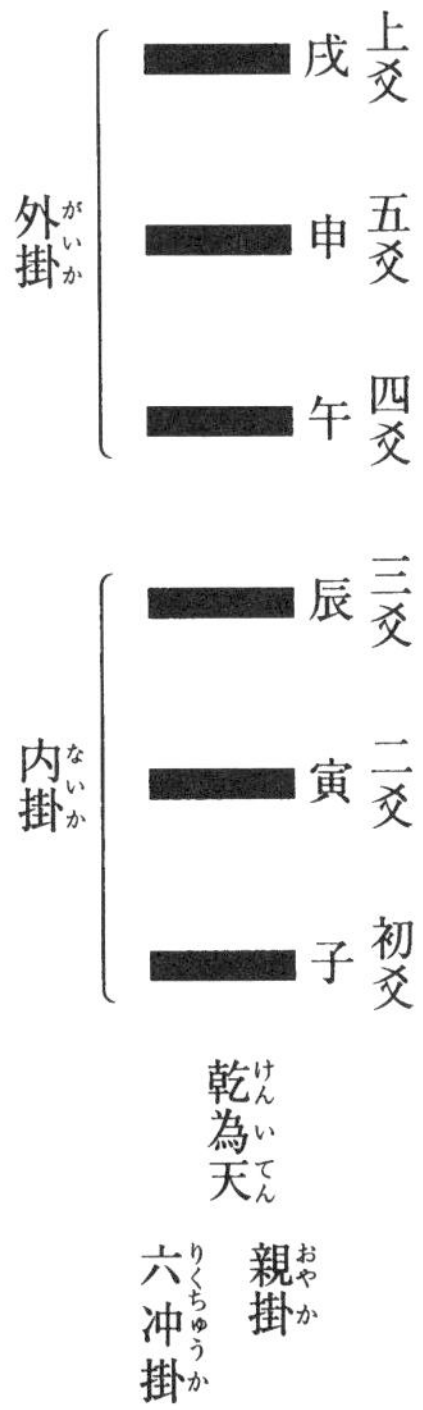

・この原則は、どの卦であっても、前図のように十二支を付けます。

・たとえば、

雷天大壮《らいてんたいそう》

天沢履《てんたくり》

・なお、陽卦《ようか》（乾、震、坎、艮）は、下から上に向って十二支を書きます。

・陰卦《いんか》（坤《こん》、離《り》、兌《だ》、巽《そん》）は、上から下に向って十二支を書きます。

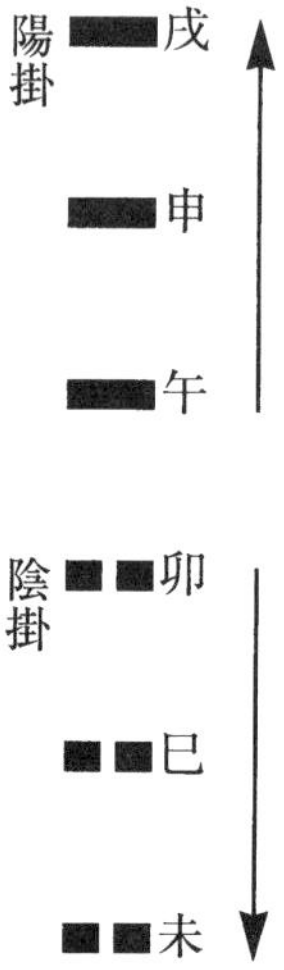

天地否《てんちひ》（六合掛《りくごうか》）

（注）午、未 申、酉 戌、というふうに一つ置きに十二支を付けます。

（注）卯、辰 巳、午 未、というふうに一つ置きに十二支を付けます。

長男

震為雷《しんいらい》

「長男」は、家を「相続」するので、親卦の乾卦と同じに十二支を付けます。

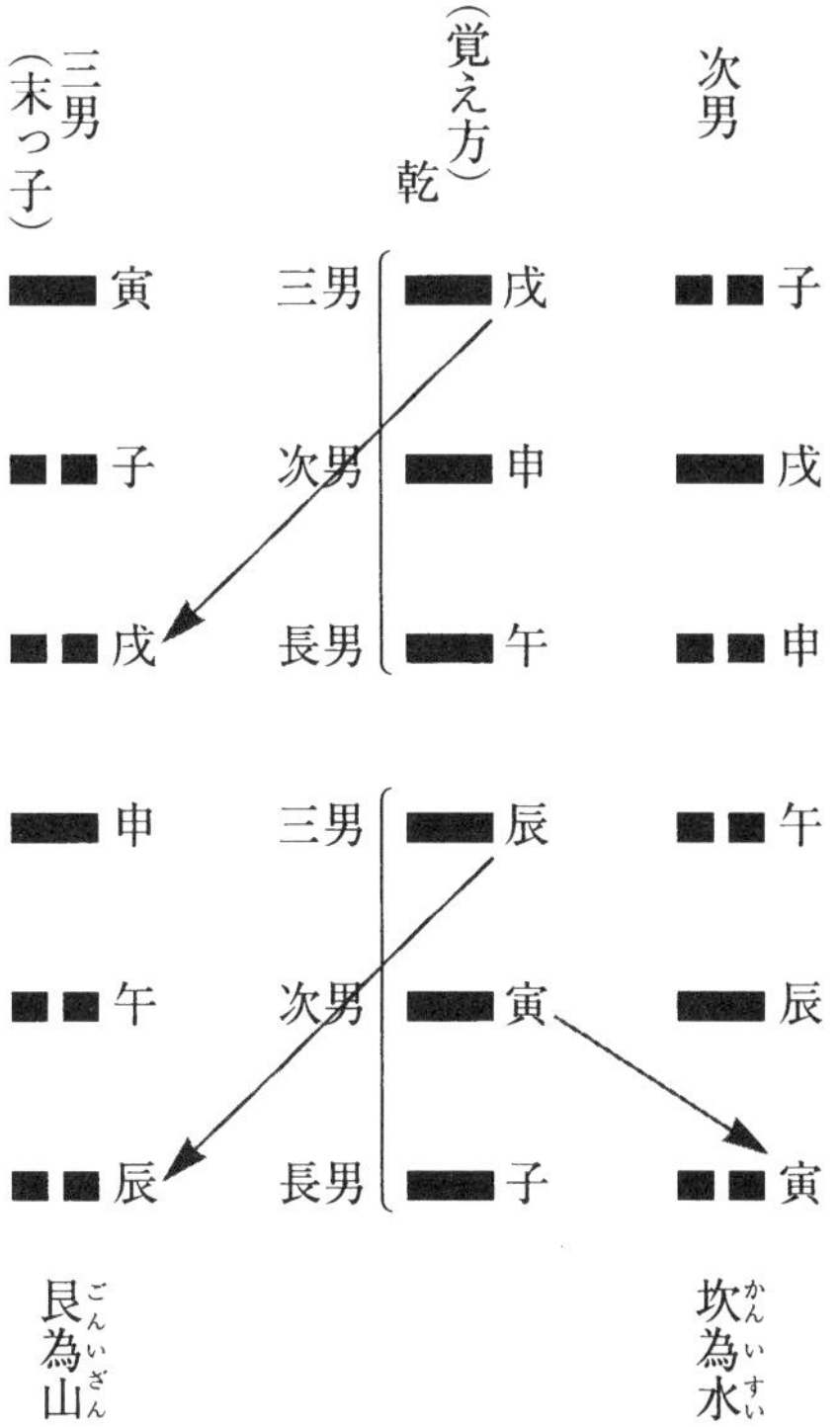

（注）次男は乾為天の次男（寅）を初爻に付けて、あとは、寅 卯 辰 巳 午 と、上に向けて一つ置きに十二支を付けてゆきます。三男の卦は乾為天の三男（辰）を初爻に付けて、あとは辰 巳 午 未 申 と一つ置きに十二支を付けてゆきます。

・繰り返しますが、陽卦は六十四卦のどの卦でも、右の原則によって十二支を付けてゆきます。

（ロ）八純卦の陰卦（坤《こん》、巽《そん》、離《り》、兌《だ》）

母

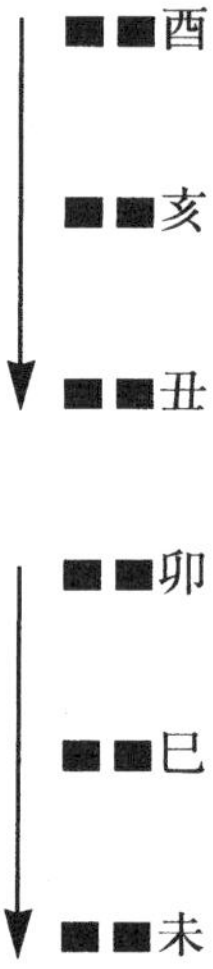

坤《こん》為《い》地《ち》（六冲卦）

上卦は「鳥居の牛」、下卦は「海の羊」と覚えて下さい。

長女

巽《そん》（六冲卦）

長女は家を嗣がないので、母親（坤）とは同じ納甲をしません。
また陰卦は、陽卦とは反対に上から下に十二支を付けます。
また、巽、離、兌の卦は陽爻が二爻あり、陰爻は一つです。
この場合、上爻の陰爻には必ず未《ひつじ》、下卦には丑《うし》を付けます。

（八）遊魂卦《ゆうこんか》と帰魂卦《きこんか》

（1）遊魂卦

遊魂卦には八卦あります。遊魂卦は、五爻を引っくり返してみて内卦と外卦が表裏の関係の卦をいいます。火地晋《しん》、地火明夷《めいい》、風沢中孚《たくちゅうふ》、沢風大過《たいか》、山雷頤《い》、天水訟《しょう》、水天需《じゅ》、雷山小過《しょうか》の八卦があります。

①

火地晋《しん》

五爻を引っくり返すと、

天地否《ひ》

となり、内外卦が反対になります。

②

地火明夷《めいい》

五爻を引っくり返すと、

水火既済《きせい》

となり、内外卦が反対になります。

③

風沢中孚《ちゅうふ》

五爻を引っくり返すと、

山沢損《そん》

となり、内外卦が反対になります。

④

山雷頤《い》

五爻を引っくり返すと、

風雷益《えき》

となり、内外卦が反対になります。

⑤

沢風大過《たいか》

五爻を引っくり返すと、

雷風恒《こう》

となり、内外卦が反対になります。

⑥

五爻を引っくり返すと、

天水訟

火水未済《びせい》

となり、内外卦が反対になります。

⑦

五爻を引っくり返すと、

水天需《じゅ》

地天泰

となり、内外卦が反対になります。

⑧

五爻を引っくり返すと、

雷山小過《しょうか》

沢山咸

となり、内外卦が反対になります。

（2）帰魂卦《きこんか》

帰魂卦にも八卦あります。五爻を引っくり返すと八純卦（内外卦）が同じになります。

①

火天大有《たいゆう》

五爻を引っくり返すと、

乾為天《てん》

となり、八純卦（内外卦が同じ乾）になります。

②

地水師《し》

五爻を引っくり返すと、

坎為水《すい》

となり、内外卦が同じ八純卦になります。

③

風山漸《ぜん》

五爻を引っくり返すと、

艮為山《ごんいざん》

となり、内外卦の同じ八純卦になります。

④

沢雷随《ずい》

五爻を引っくり返すと、

震為雷《らい》

となり、内外卦の同じ八純卦になります。

⑤

山風蠱《こ》

五爻を引っくり返すと、

巽為風《ふう》

となり、内外卦の同じ八純卦になります。

⑥

天火同人《どうじん》

五爻を引っくり返すと、

離《り》為《い》火《か》

となり、内外卦の同じ八純卦になります。

⑦

水地比《ひ》

五爻を引っくり返すと、

坤《こん》為《い》地《ち》

となり、内外卦の同じ八純卦になります。

⑧

雷沢帰妹《きまい》

五爻を引っくり返すと、

兌《だ》為《い》沢《たく》

となり、内外卦の同じ八純卦になります。

以上の八純卦は、乾、坎、艮、震、巽、離、坤、兌と略記します。

（注）「断易必携」の親卦、八卦の順序は、九星の後天図の「乾」から時計廻りに廻って「兌」で終ります。

4	9	2
3	5	7
8	1	6

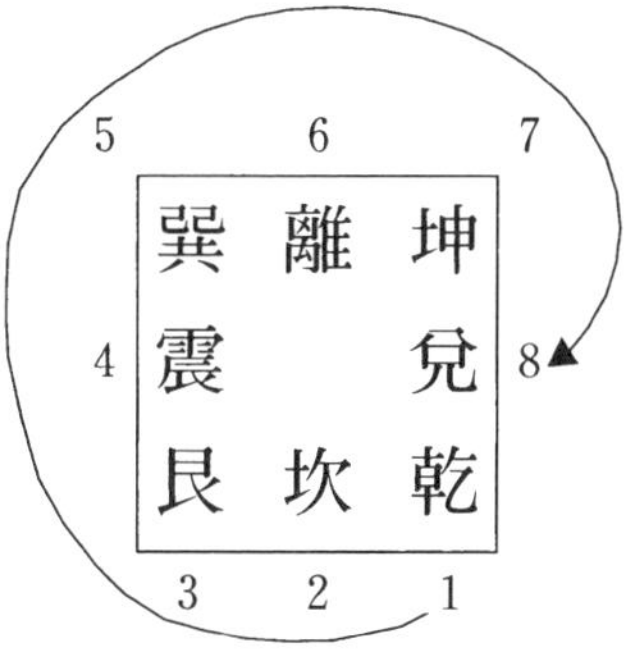

八純掛《はちじゅんか》（親掛《おやか》）

（二）世爻《せこう》、応爻《おうこう》の出し方

（1）八純卦（親卦）はすべて上爻が世爻で、三爻が応爻です。

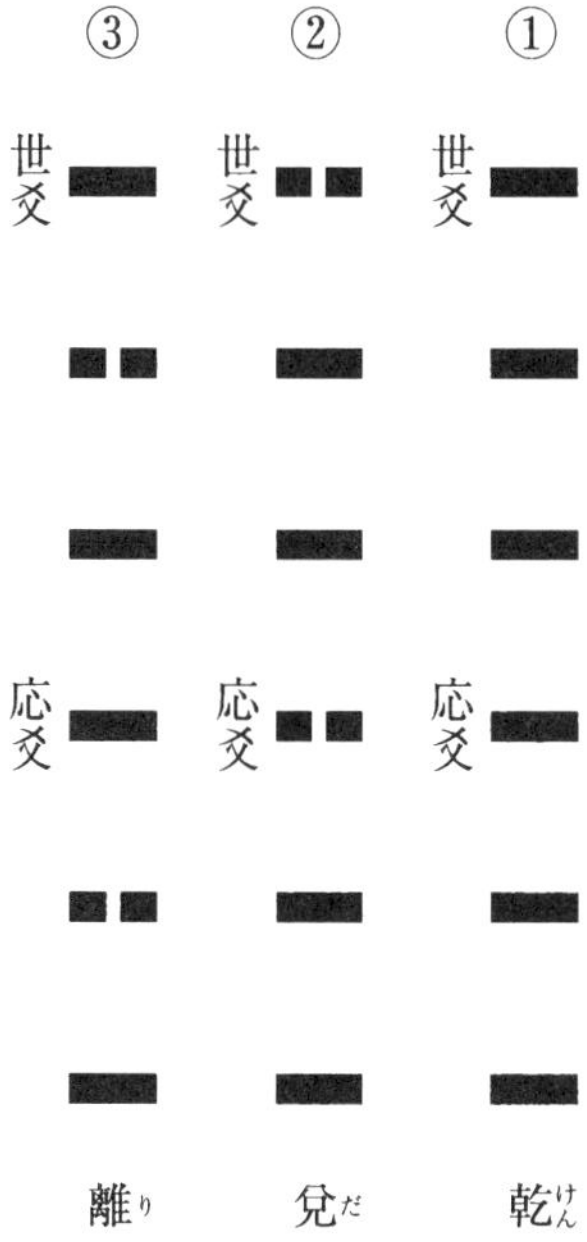

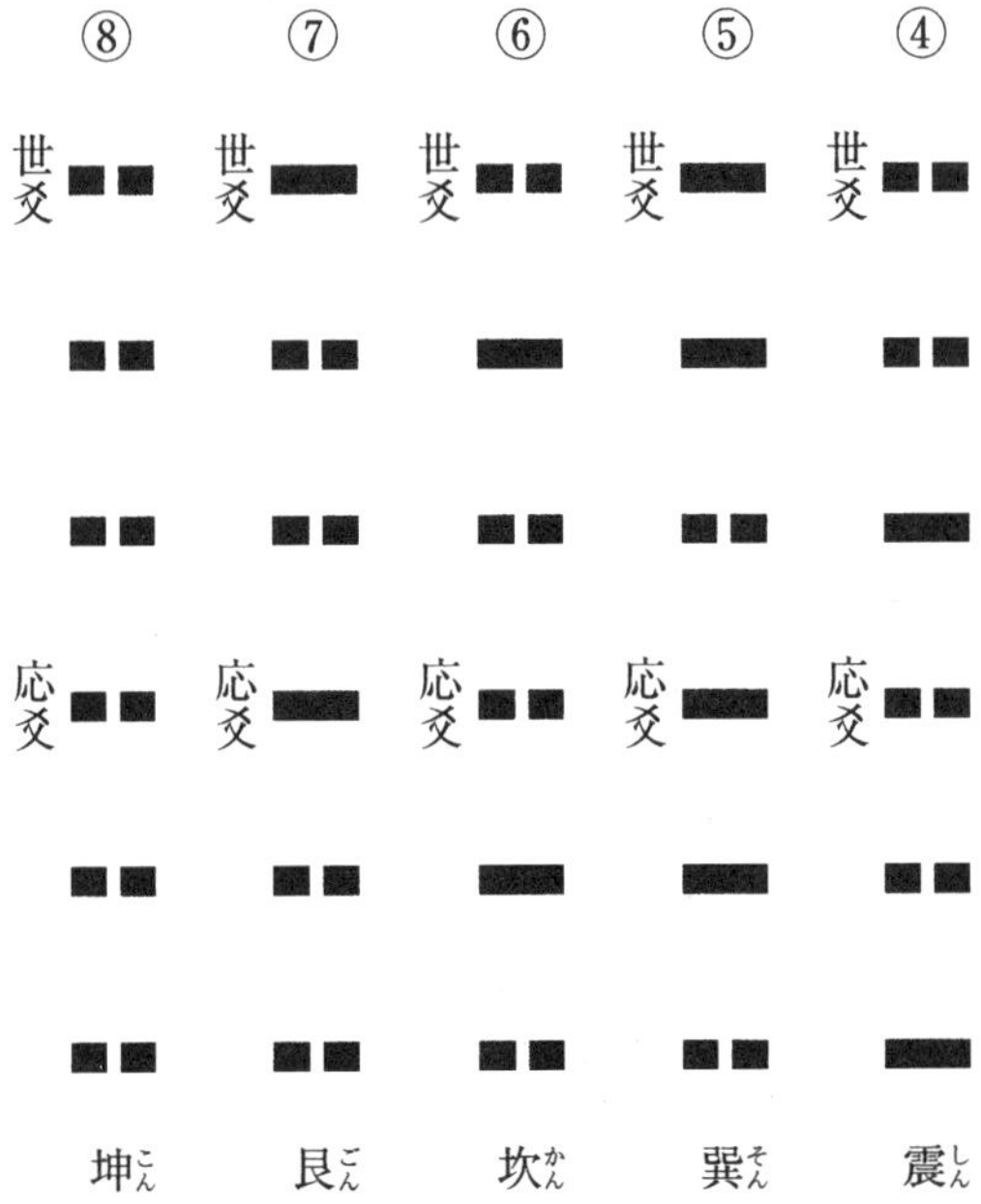

（世爻から見て三番目が応爻です）

（2）遊魂卦（晋、明夷、中孚、大過、頤、訟、需、小過）の八卦。

遊魂卦はすべて四爻が世爻、初爻が応爻です。

世爻を自分、応爻を相手とします。

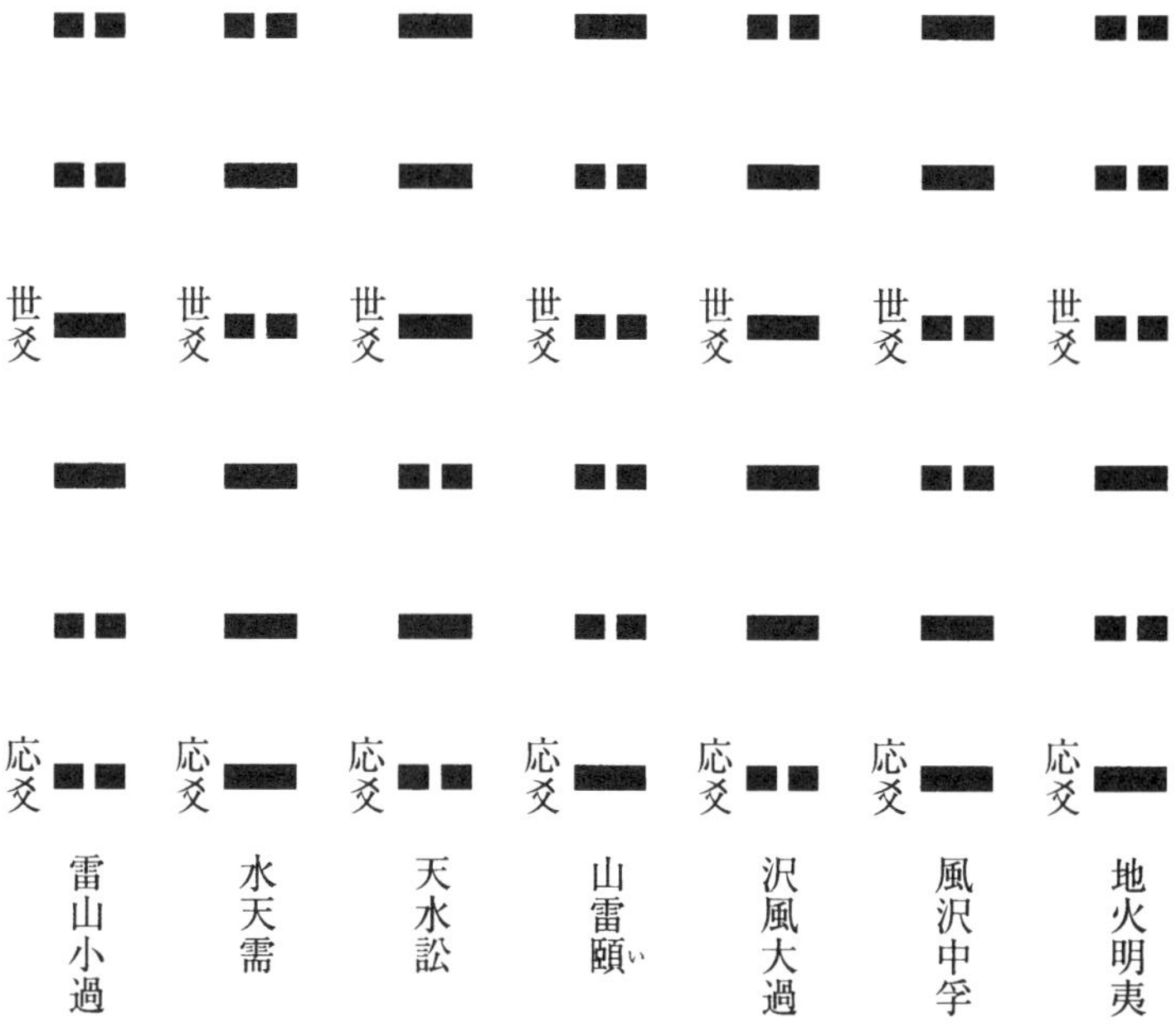

（3）帰魂卦（火天大有、地水師、風山漸、沢雷隋、山風蠱、天火同人、水地比、雷沢帰妹）の八卦。帰魂卦はすべて上爻が応爻、三爻が世爻です。

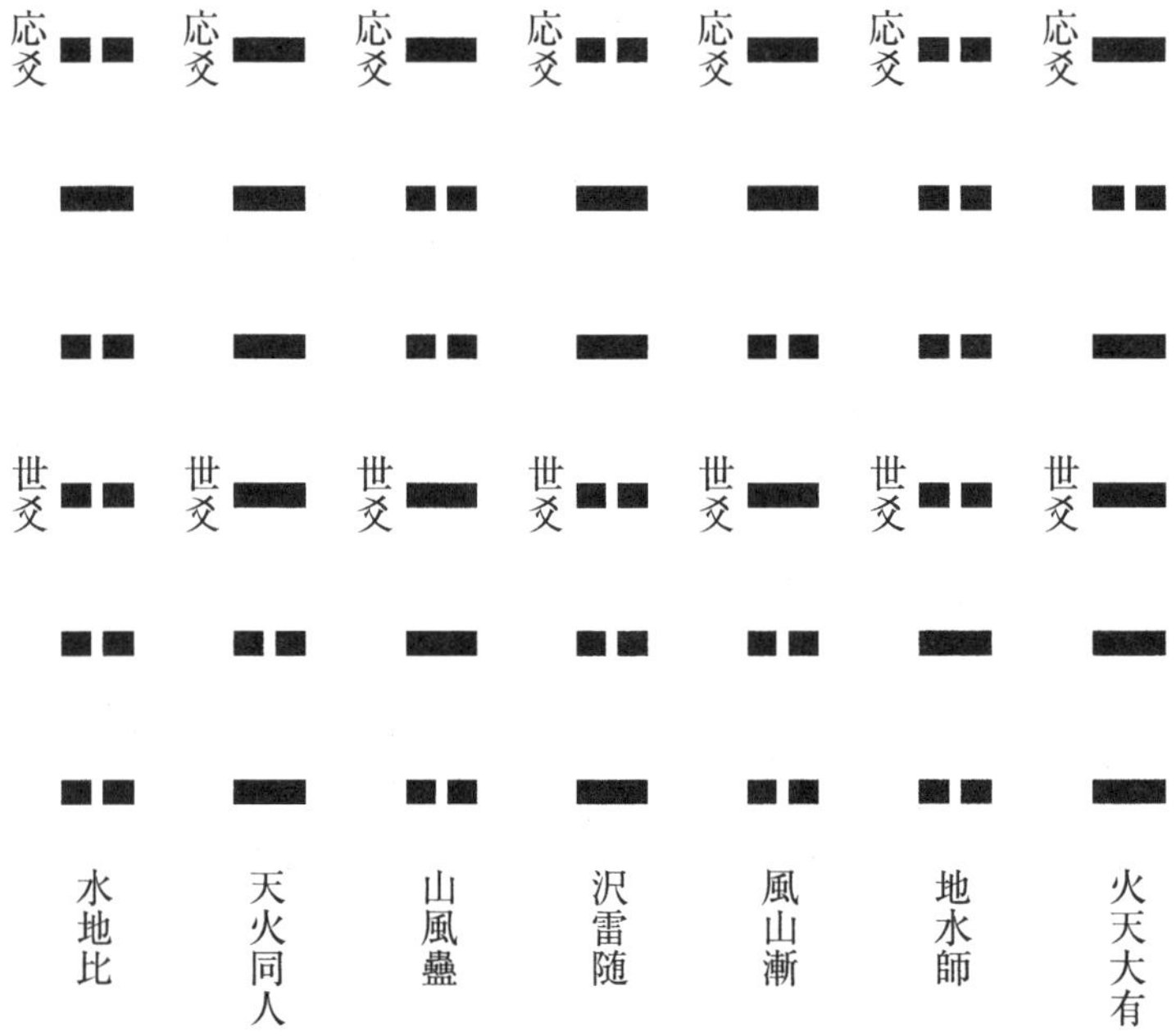

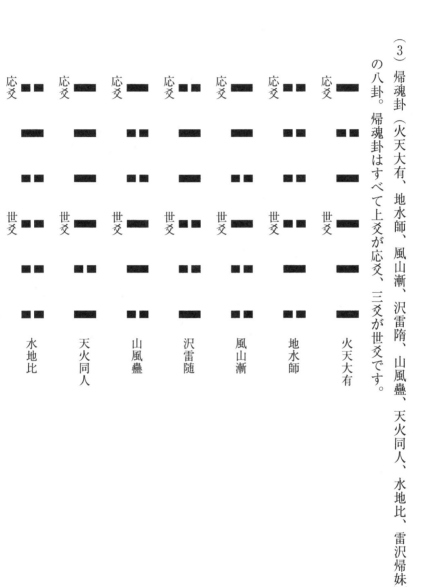

応爻　世爻

雷沢帰妹

（ホ）残りの卦の世爻、応爻の出し方

まず五爻を引っくり返してみて、①内外卦が同じ卦（帰魂卦）にならない、②内外卦が反対にならない（遊魂卦）ときは、初爻から順次上爻へ向って引っくり返してゆき、内外卦が同じになったときの上卦の五行をとる。そして同じ卦になったところが世爻で、その三番目が応爻です。

例①

沢火革

まず五爻を引っくり返してみると、

雷火豊

となり、帰魂卦でもないし、遊魂卦でもありません。

そこで初爻から引っくり返して、

沢山咸

となり内外卦が同じになりません。

次に二爻も引っくり返すと、

沢風大過

となり、内外卦が同じになりません。
次に三爻を引っくり返すと、

沢水困

となり、内外卦が同じになりません。
次に四爻を引っくり返すと、

坎為水

となり、内外卦が同じになります。つまり四爻が世爻で、初爻が応爻となります。
なお、親卦は坎ですから、卦の五行は水となります。

（水）

世爻
応爻
沢火革

と記入します。

例②

雷水解

まず五爻を引っくり返すと、

沢水困

となり内外卦が同じではありませんし、反対でもありません。

次に二爻を引っくり返すと、

震為雷

となり、内外卦が同じになります。親卦の震は木で、二爻まで引っくり返して内外卦が同じになったので、二爻が世爻で五爻が応爻です。

（木）

応爻　世爻

雷水解

となります。

例③

沢水困

まず、五爻を引っくり返すと、震水解となり、遊魂卦でも帰魂卦でもありません。

次に、初爻を引っくり返すと、上下同じの、

兌為沢

となりますから、

(金)  応爻 世爻 兌為沢

となります。

例④  水山蹇

まず、五爻を引っくり返すと、

 地山謙

です。遊魂卦でも帰魂卦でもありません。

次に二爻から順次返して、四爻までゆくと、

 世爻 応爻 兌為沢

になりますので、四爻が世爻、初爻が応爻です。

以上の出し方は、断易の六十四卦表（230頁）にすべてのっておりますが、原則を理解すれば、表を見なくても納甲はできます。

練習のときは、原則に従って記入してみてから、六十四卦表をみて下さい。

（へ）六親《りくしん》の出し方

六親とは、父母、兄弟《けいてい》、官鬼、妻財《さいざい》、子孫、世爻、応爻をいいます。略して、父母は「父」、「兄弟」は「兄」、官鬼は「官」、妻財は「才」、子孫は「孫」と書きます。

父母は、卦の五行、たとえば乾為天は金ですから、土が父母となります。つまり卦の五行を生じてくれるものが父母です。

（金）

━━
━━
━━
━━
━━
━━

乾為天

乾は九星の六白金星ですから、卦の上に（金）を書きます。この（金）が我《われ》です。

乾（金）

父	土	戌	━━
兄	金	申	━━
官	火	午	━━
父	土	辰	━━
才	木	寅	━━
孫	水	子	━━

乾為天

我（金）から見て初爻の子水は、我が子水を生ずるので、子孫になります。
二爻の寅木は、我（金）から剋されるので、才になります。
三爻の辰土と上爻の戌土は、我を生じてくれるので、父母になります。
五爻の申金は、我（金）と同じですから、兄弟と書きます。
四爻の午火は、我（金）を剋すので、官鬼と書きます。

（ト）伏神《ふくじん》の出し方

伏神とは、卦にあらわれていない場合、親卦からもってきて、左側にカッコをつけて書きます。

（水）

■ ■子（水）兄
━━戌（土）官
■ ■申（金）父
■ ■辰（土）官
■ ■寅（木）孫
━━子（水）兄

水雷屯《ちゅん》

水雷屯には、才がありません。そこで、水の親卦「坎」の三爻の午才を借りてきて、三爻に伏神として記入するのです。

（水）

■ ■
━━
■ ■
■ ■午 才○
━━辰 官
■ ■寅 孫

坎為水

■ ■
━━
■ ■
（午才）■ ■
■ ■
━━

水雷屯

坤（土）

■ ■酉（金）孫
■ ■亥（水）才
■ ■丑（土）兄
■ ■辰（土）兄
■ ■寅（木）官
━━子（水）孫

地雷復

父母が卦にありません。そこで親卦、

坤（土）

坤為地

坤為地の二爻巳父母を借りてきて、

地雷復

と書きます。

（チ）用神《ようじん》

用神とは断易の一つの特長（徴）であり、たとえば財運、金運を占うときは、妻財（才）を用神として、その旺衰（強弱）で吉凶を占います。つまり占いの中心、ポイントが用神です。

たとえば、今年の財運を占って、

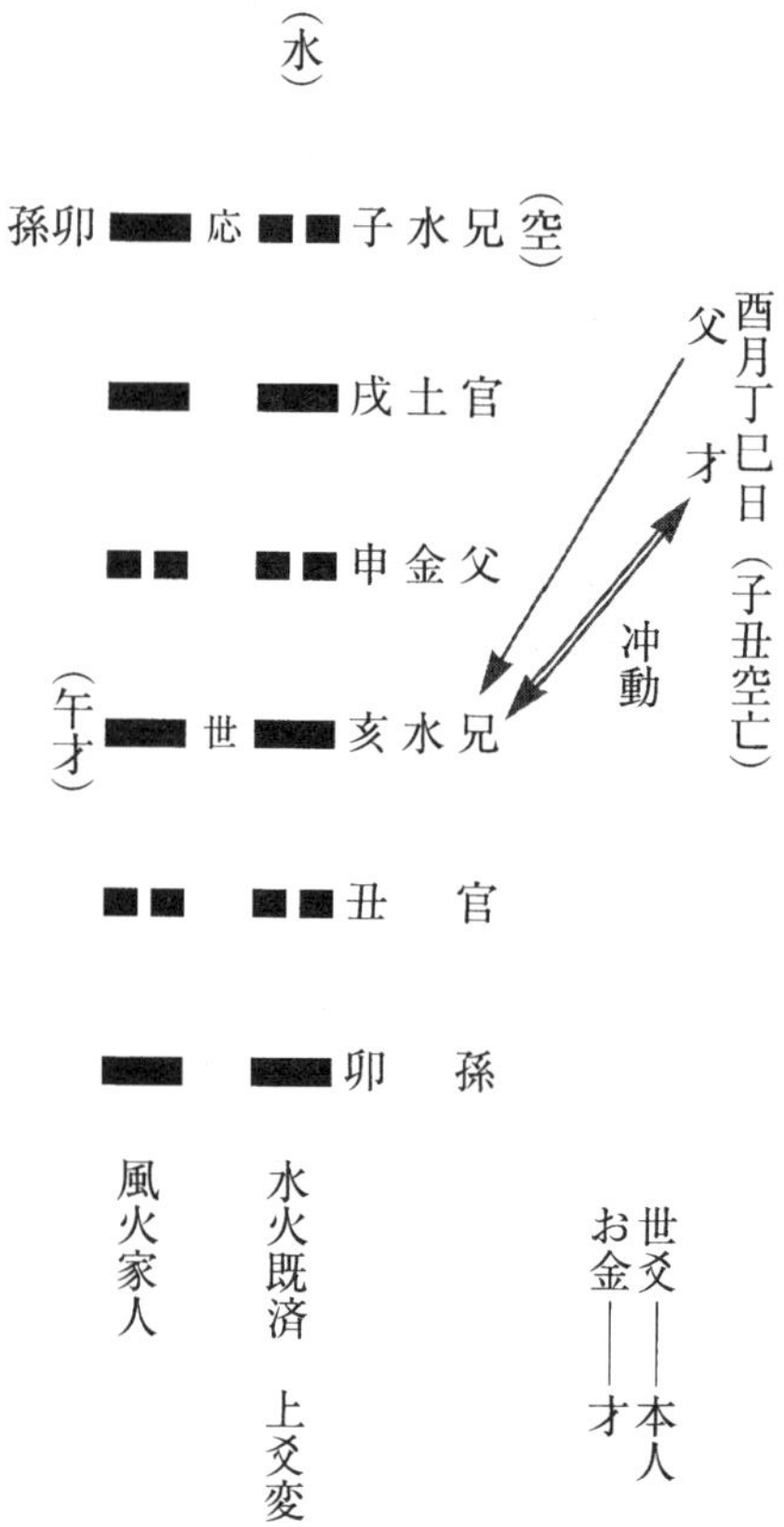

を得たとします。用神の午才は三爻に伏神して、飛神亥兄弟の剋を受けております。

また、上爻（応爻）の子水兄弟も動いているので、財運はよくありません。

この卦については、いろいろ他にも見方がありますが、ここでは触れません。

なお、今の卦で、占的が奥さんの家出占の場合は、奥さんの星である午才が伏神であり、上爻の子兄弟が動き、三爻の亥兄弟も冲動で動いておりますので、ライバル（別の男）がいる、と見ます。くわしい鑑定は、実占例で修得して下さい。

・妻財（才）は、宝石、金銭、食事、妻、女性関係の用神。

・官鬼（官）は、夫、病気、官庁のこと、受験、犯人、職業。
・父母（父）は、自分を保護してくれるもの。父母、家、土地、心労、旅行、文書、印鑑、通信など。
・兄弟（兄）は、兄弟、友人、ライバル、損失など。
・子孫（孫）は、子供、孫、相続、喜びごと、趣味、神様、薬、警察、ペットなど。
・世爻は自分、応爻は相手。

（リ）六親の生と剋

十二支の間に生と剋がありますが、六親の間にも生と剋があります。

生《せい》

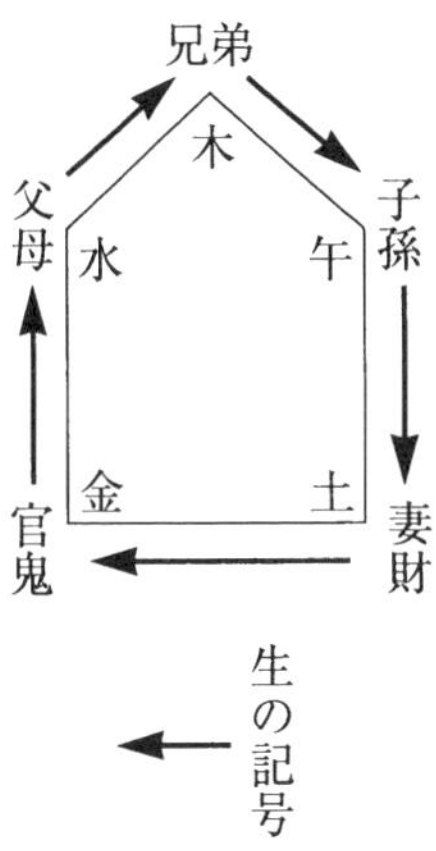

兄弟→子孫→妻財→官鬼→父母→兄弟となります。

剋《こく》

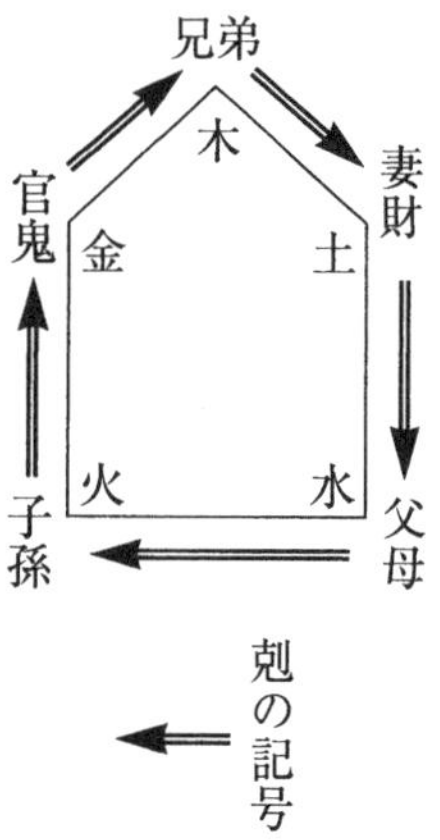

兄弟→妻財→父母→子孫→官鬼→兄弟となります。剋は、字源によると、ころす、勝つ、きざむ、などの意味があります。十二支に木、火、土、金、水を付けると分かります。

(ヌ) 静爻《せいこう》、動爻《どうこう》、化爻《かこう》

たとえば財運を占って、火山旅の三爻を得た、とすると、

卯月壬辰日（午未空亡）

三爻の申才が動爻で、卯父が化爻です。あとの爻は動かないのですべて静爻ですが、四爻の酉才は月破ですが日建辰と生合で合起となり、動く情《じょう》（気配）があり、とします。

動爻は、他の爻に対して、合、生、剋、冲の作用を及ぼします。

静爻は、他の爻に対して、作用を及ぼしません。

（ル）冲起暗動《あんどう》、冲散《ちゅうさん》、合起《ごうき》、併起、合住

（1）冲起暗動（冲動または暗動と略記する）

たとえば、不動産運を占って、

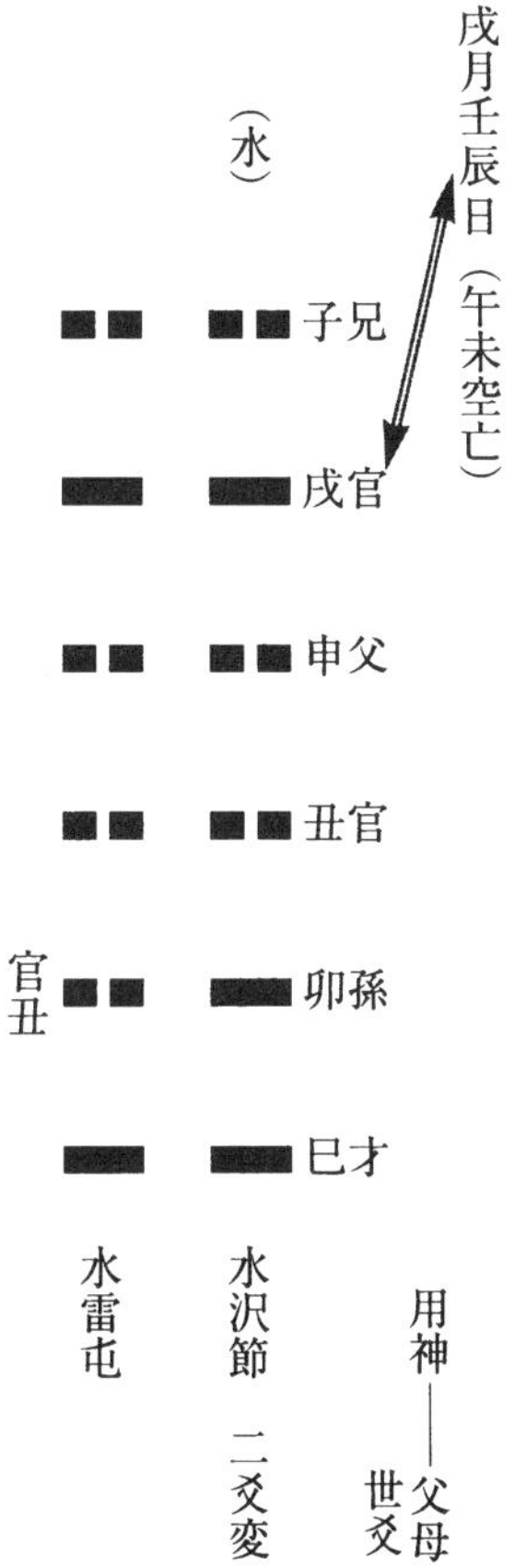

を得た場合、五爻の戌官は、月と同じ十二支ですから、これを月併《げっぺい》といい旺相（強い）しており、日建の戌から冲されているので、冲起暗動といいます。
冲動は、動爻に似た作用を及ぼしますが、動爻よりはその作用は弱い、と見ます。

（2）冲散《ちゅうさん》

たとえば、仕事運を占って、

寅月壬辰日（午未空亡）

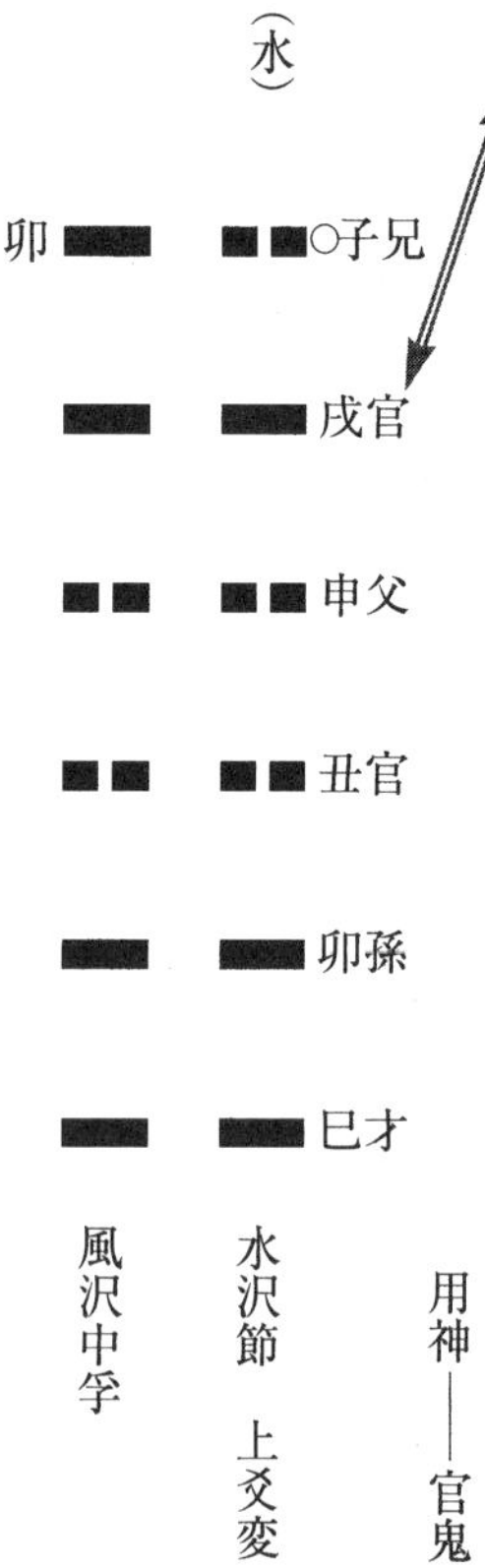

を得たとします。

五爻の戌官鬼は、月支寅（木）から剋され休囚（弱い）し、さらに日建辰から冲されているので、これを「冲散」といい、戌官鬼は力を失ってしまいます。

・なお、動く爻が日建の冲を受けると冲散しますが、動爻が弱いときは冲散し、強い（旺相）ときは冲散しないと見ますが……この点は疑問が残りますので、皆様も実験してみて下さい。

（3）合起《ごうき》

たとえば、

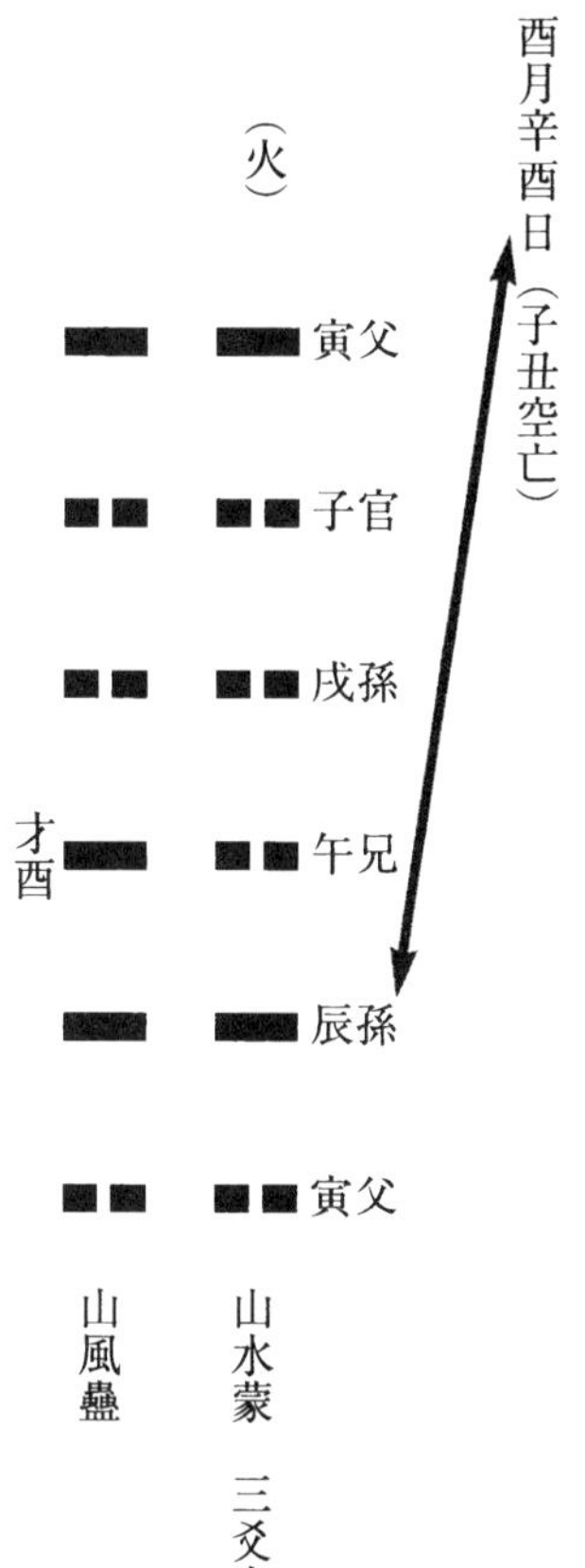

二爻の辰孫は静爻《せいこう》ですが、日建の酉と合ですから、これを合起といい、動く情《じょう》（気配）がある、と見ます。

（4）合住《ごうじゅう》

たとえば、

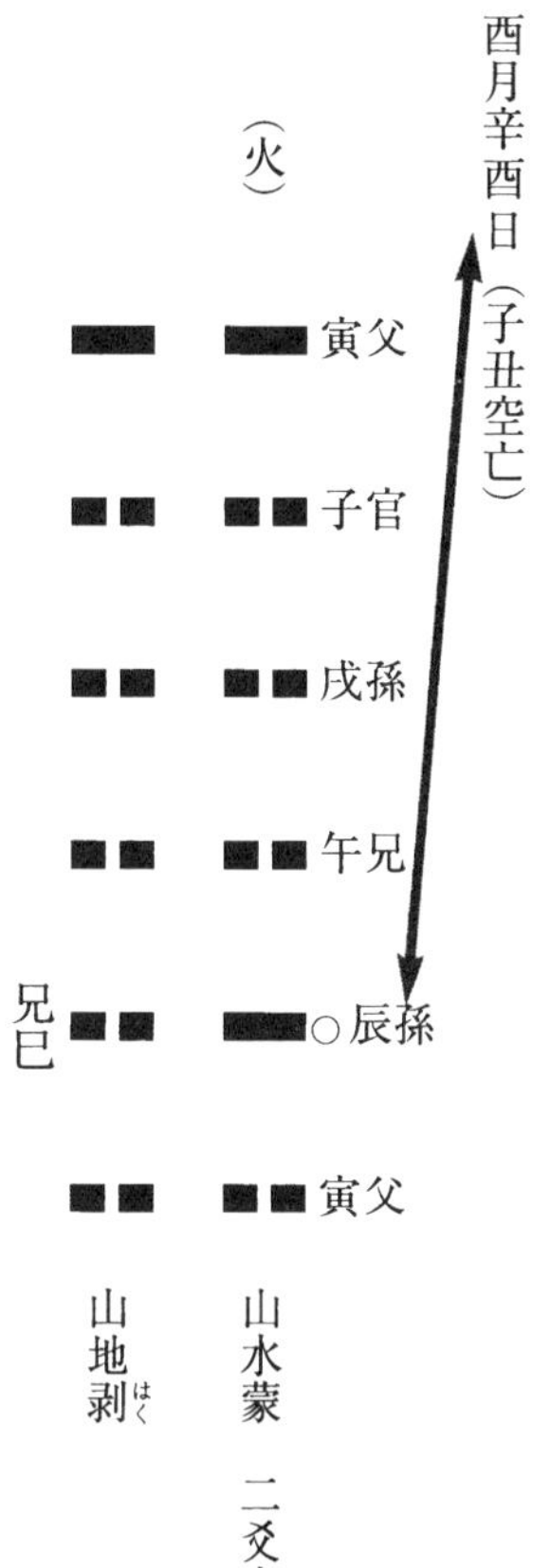

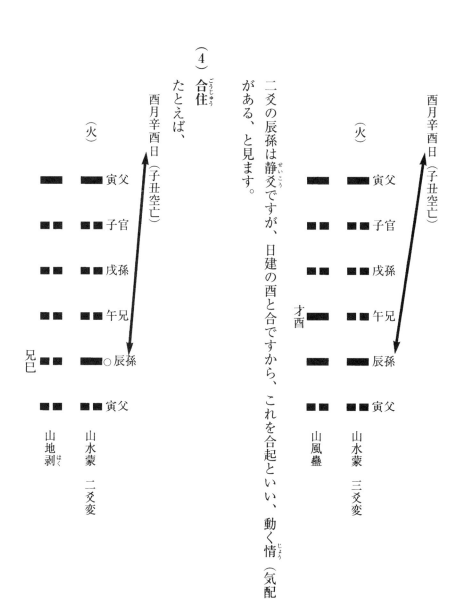

二爻の辰孫が動いて回生となりますが、日建の酉と合になっております。動こうとしているのを「合」で止められてしまうので、これを合住といいます。合住は、辰を冲する戌の日に動きます。

（5）併起《へいき》

たとえば、

酉月辛酉日（子丑空亡）

乾金遊魂

火地晋（本卦）		火山旅（之卦）	
巳官	▅▅▅	▅▅▅	
未父	▅ ▅	▅ ▅	
酉兄	▅▅▅ 世	▅▅▅	
○卯才	▅ ▅	▅▅▅	兄申
巳官	▅ ▅	▅ ▅	
未父	▅ ▅ 応	▅ ▅	

火地晋　三爻変　火山旅

世爻の酉兄弟は、月と同じ支であり、これを月併といい、日の酉と同じ支なので、これを日併（併起）といいます。酉兄弟は旺相して強くなり、財運占ならば赤字です。

（6）月建からの合と冲

月建からの合は、合される爻が動爻であっても、静爻であっても、強くなる（旺相）と見ます。

月建からの冲は、月破《げっぱ》といい、合か値のときまで休囚します。

・値《ち》とは、同じ支のことです

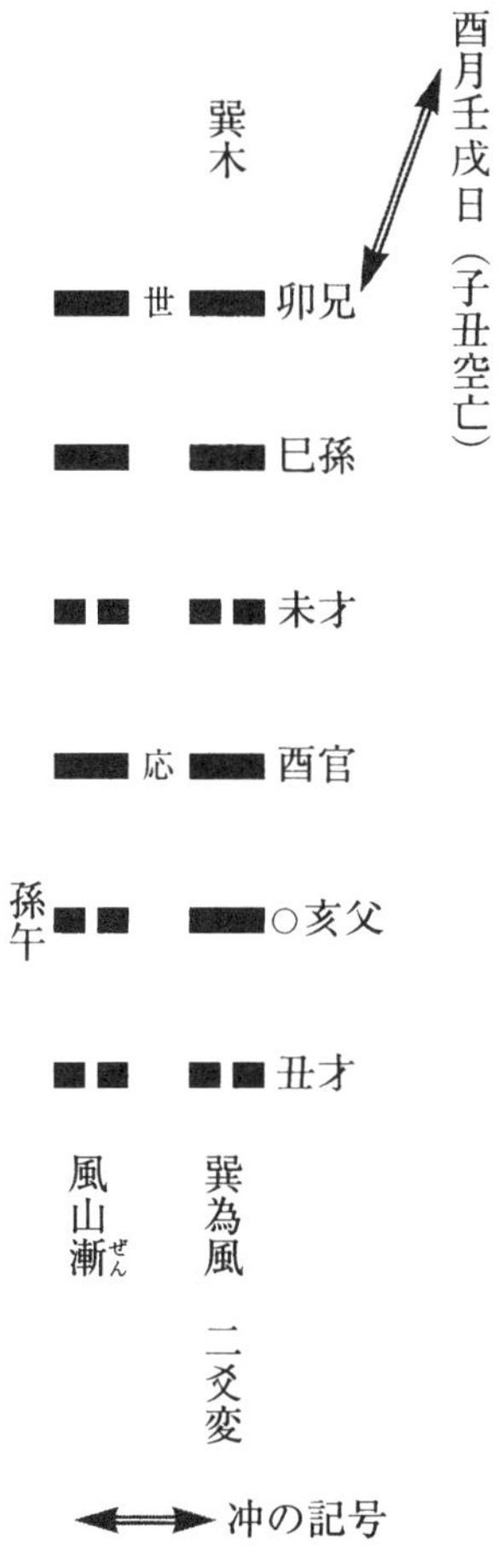

上爻の卯兄弟は月破です。

合の戌か、値の卯の時まで休囚します。

作用を及ぼしません。

（オ）回頭《かいとう》の生《せい》、回頭の剋《こく》

〈回頭の生〉

（火）

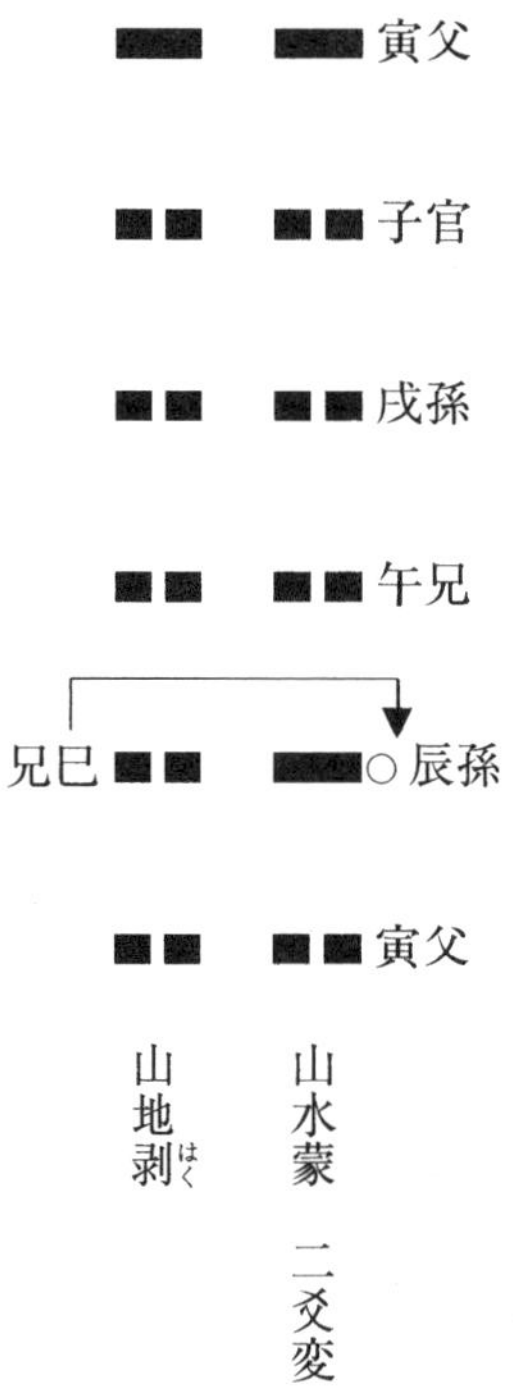

二爻の辰孫は動いて巳兄弟を化出しており、巳が火生土と辰孫を生じております。これを回頭の生、といいます。

〈回頭の剋〉

前の回頭の生と似ておりますが、動いて化爻から剋されることをいいます。

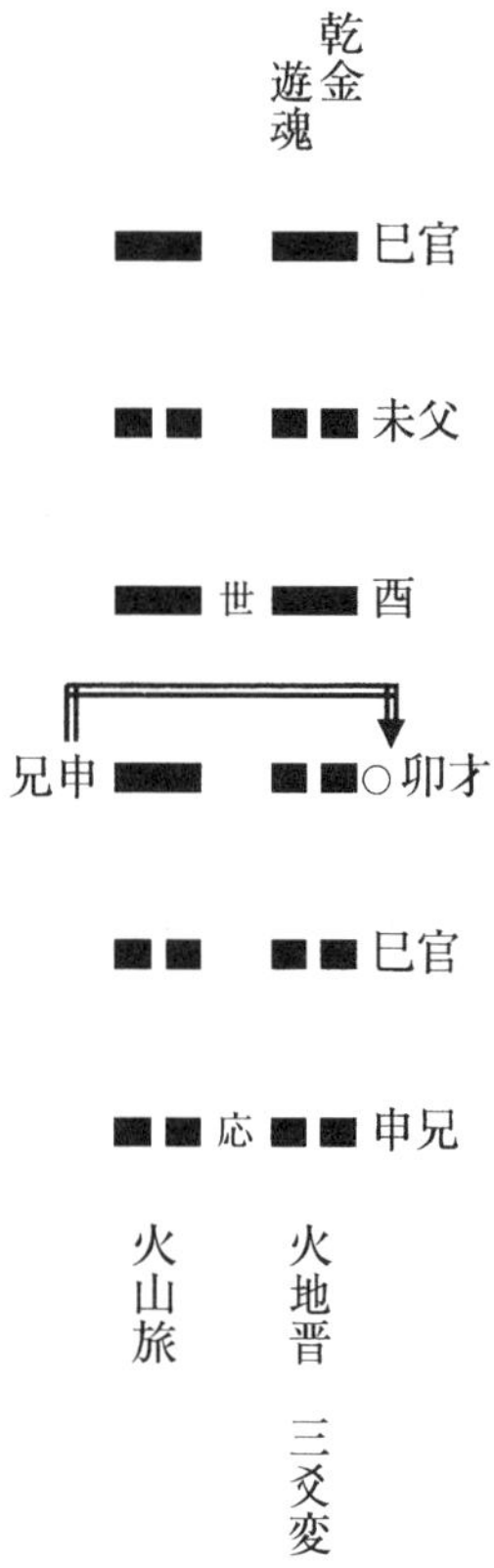

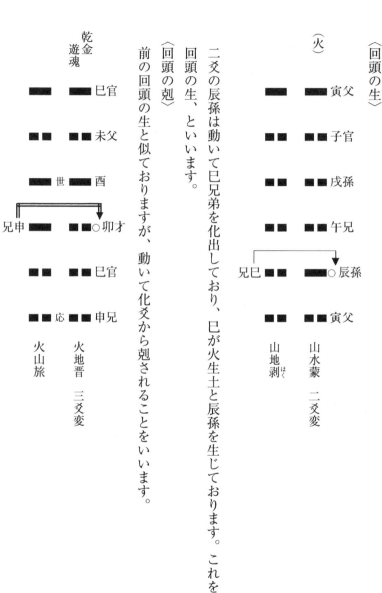

三爻の卯才は動いて化爻の申兄から剋されております。

（注）旺相（強い）と休囚の関係は、たとえば病占ならば官鬼（病気）が弱いほうが吉ですし、財運ならば、才が強ければ儲かるし、兄弟が強ければ赤字です。

（ワ）進神《しんじん》、退神《たいじん》、洩気《えいき》

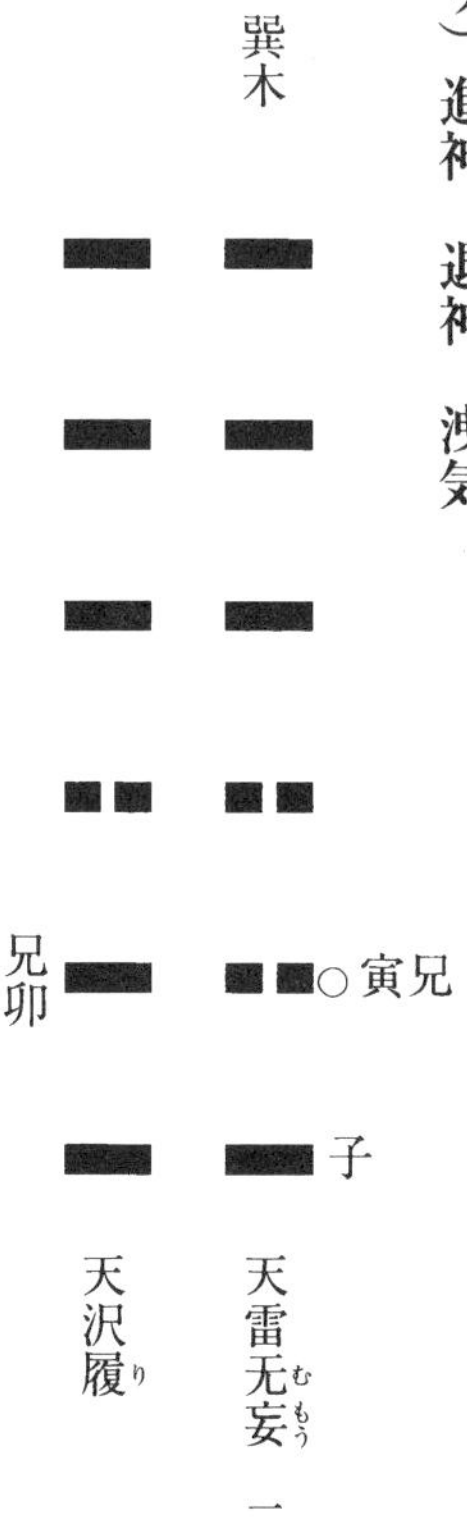

二爻の寅兄が動いて卯兄になります。これは時計まわりなので、進神といいます。逆に卯から寅は、退神となります。

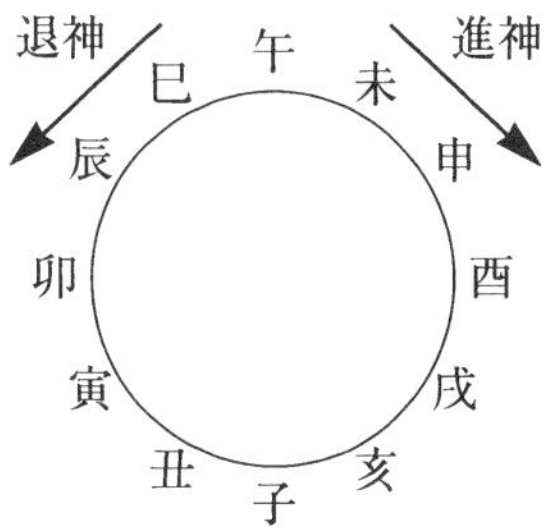

進神

丑 → 辰

寅 → 卯

辰 → 未

未 → 戌

申 → 酉

五行の土から土、木から木、金から金の時計まわりを進神といいます。

退神　辰←丑　卯←寅　未←辰　戌←未　酉←申

退神は、力が弱くなります。

〈洩気〉

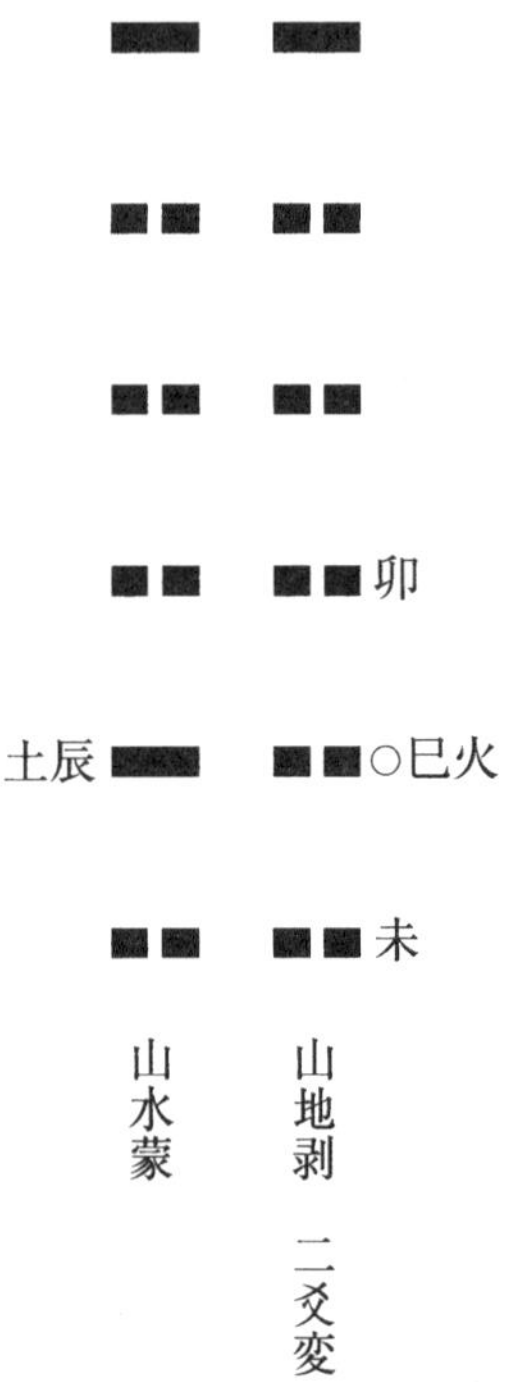

火生土と生じているので、力を弱めます。

木←火　火←土　土←金　金←水　水←木

（カ）爻の合住、合化、冲

〈合住〉

たとえば、

初爻が丑と子の合住です。丑を冲する未の日、未の月に合住が解けて動き出します。

〈合化〉

たとえば、

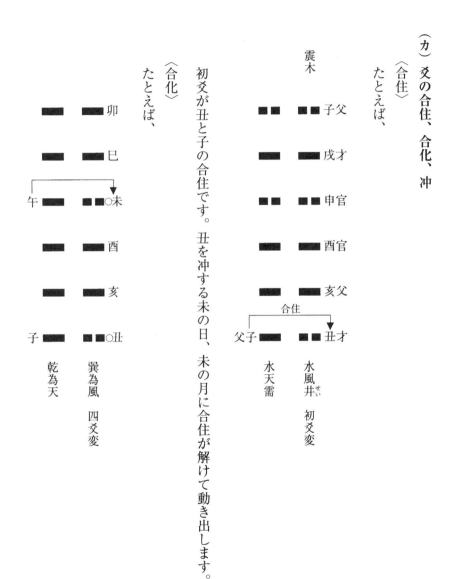

これは略筮ではなく、中筮の場合ですが、合化とも、合住ともとれます。

（ヨ）爻冲《こうちゅう》、爻合

〈爻冲〉

卦の中で一つの爻が他の爻を冲することをいいます。卦中、発動して他爻を冲する場合と、暗動して冲する場合があり、また、静爻同士で相冲の情《じょう》のある場合があります。

爻冲は、日月の冲に比べれば、それほど強烈ではないが、事柄の成敗のカギをもっております。

旺相な動爻から、無力な爻が冲されるときは、多少その傷を受けることがあるが、休囚無力の爻が動いて旺相の爻を冲しても、ほとんど傷害を受けることはありません。

注意すべきは、冲と剋を受けるときは、その傷は大きいといいます。

〈爻冲の例〉

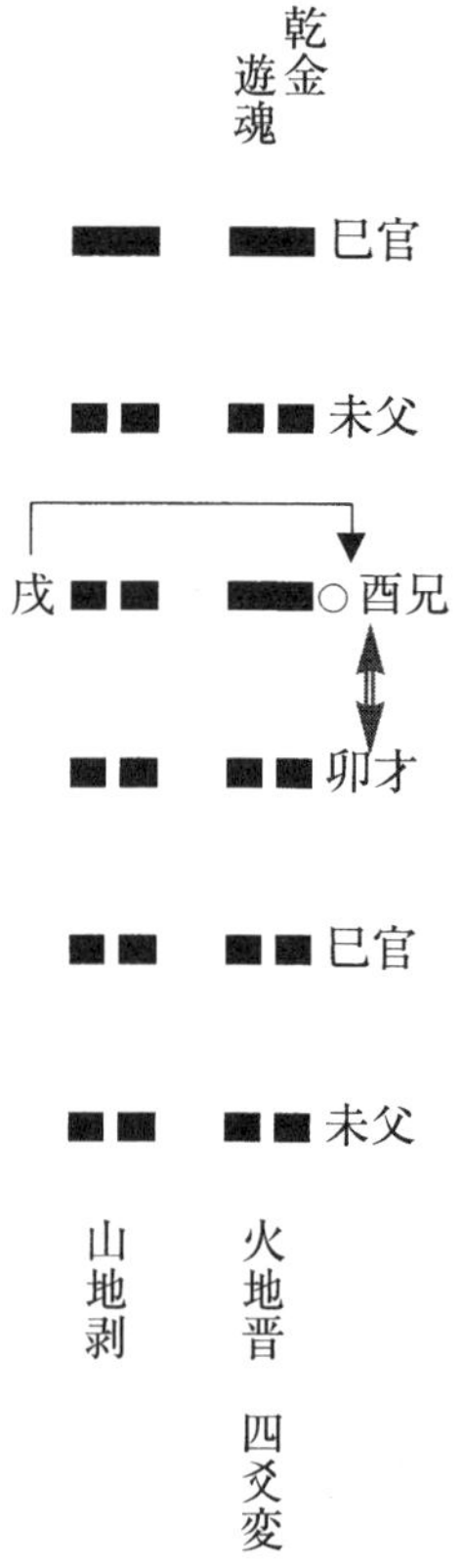

四爻の酉兄は動いて回頭の生で、三爻の卯兄を剋と冲ですから、打撃は非常に大きいと見ます。財運占ならば倒産かもしれません。

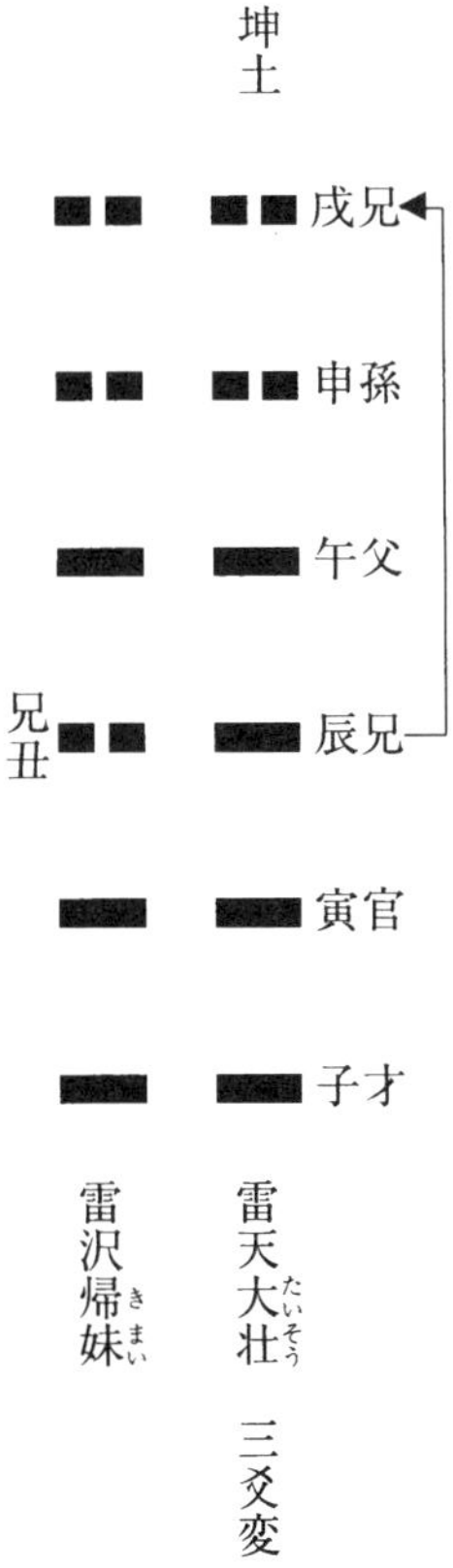

三爻の辰兄が動いて、上爻の戌兄を爻冲しております。
これが事業、商売占ならば、赤字の店が複数ある、と見ます。兄弟は損失ですから。

〈爻合の例〉

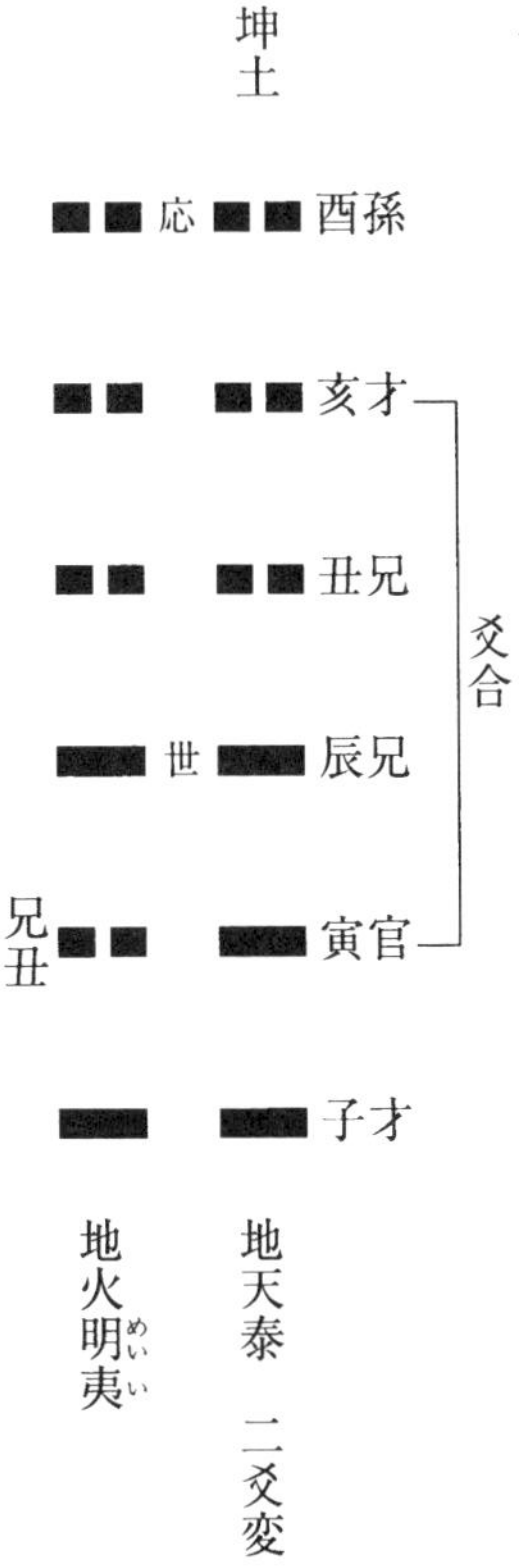

これが夫婦占ならば、寅官の夫が五爻の亥才と爻合しており、奥さん以外に女性がいるこ

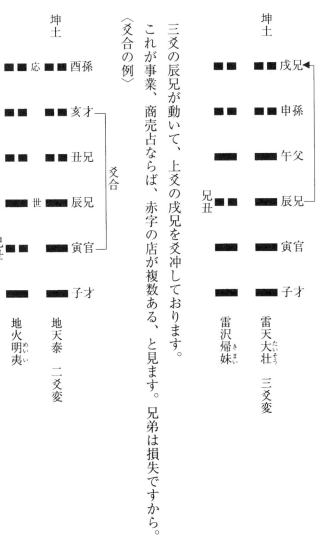

とを示しております。

（タ）伏吟《ふくぎん》、準伏吟

これは中筮で立卦《りっか》した場合に限られます。

〈伏吟〉

乾金		乾為天	雷天大壮	
父	○戌	━━━	━ ━	戌
兄	○申	━━━	━ ━	申
官	午	━━━	━━━	午
父	辰	━━━	━━━	
才	寅	━━━	━━━	
孫	子	━━━	━━━	

上爻と五爻が動いておりますが、戌爻が戌爻、申兄が申兄へと、同じ十二支になっており、これを伏吟といいます。伏吟は、進退きわまり、進むに進めず、引くに引けない状態で、苦吟、呻吟《しんぎん》すると見ます。

冲のときに動けますが、よいことならば吉になるが、悪いことならば冲のときから悪くなります。

〈準伏吟〉（中筮に限ります）

（火）

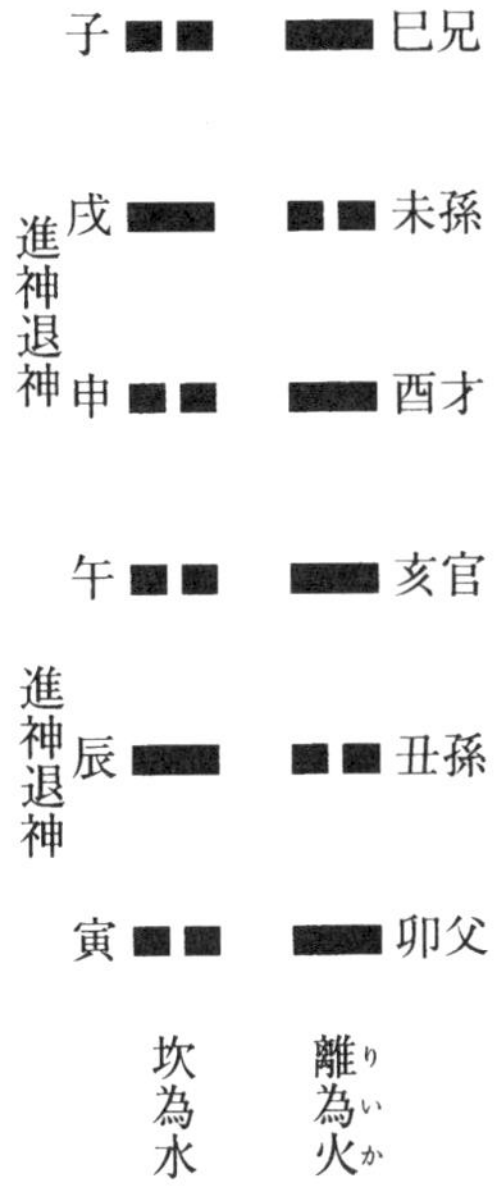

内外とも準伏吟です。また外卦だけの準伏吟、内卦だけの準伏吟もあります。
進神と退神が隣り合っているのを準伏吟といいます。
用神がこの準伏吟中にあれば、凶象を意味し、応期は用神を冲するときです。

（レ）反吟（中筮に限ります）

反吟とは、苦吟、呻吟が繰り返される意味です。

例(1)
坤土

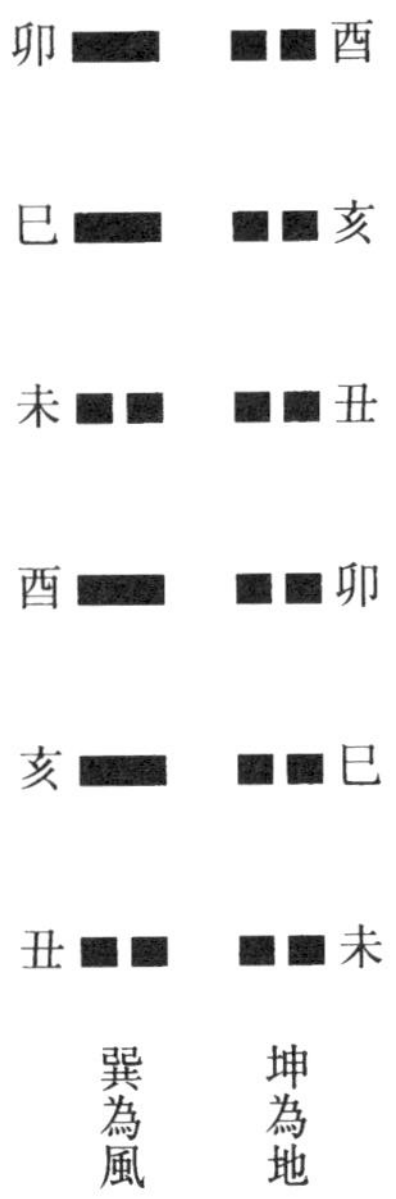

初爻から上爻まで全部が、本爻と化爻が冲になっております。

（注）二爻以上が、冲にならなければ反吟は成立しません。

例（1）の場合は、内卦のほうが冲と剋を兼ねているので外卦の反吟より影響は強烈です。

例（2）は、外卦のほうが影響が強烈です。

（ソ）伏神と飛神の関係

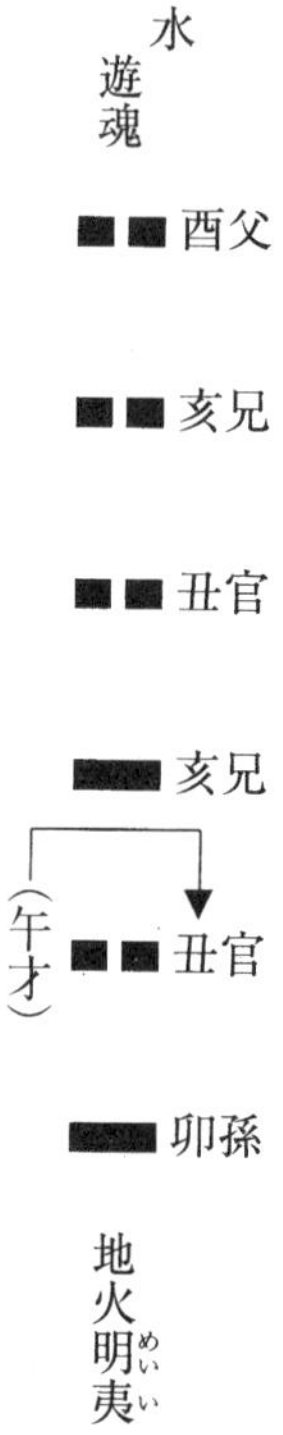

二爻の左側の（午才）が伏神で、二爻の丑官が飛神《ひじん》です。

「明夷」では、伏神午才が飛神丑官を生じているので、伏神は弱くなります（洩気《えいき》）。

「山天大畜」では、

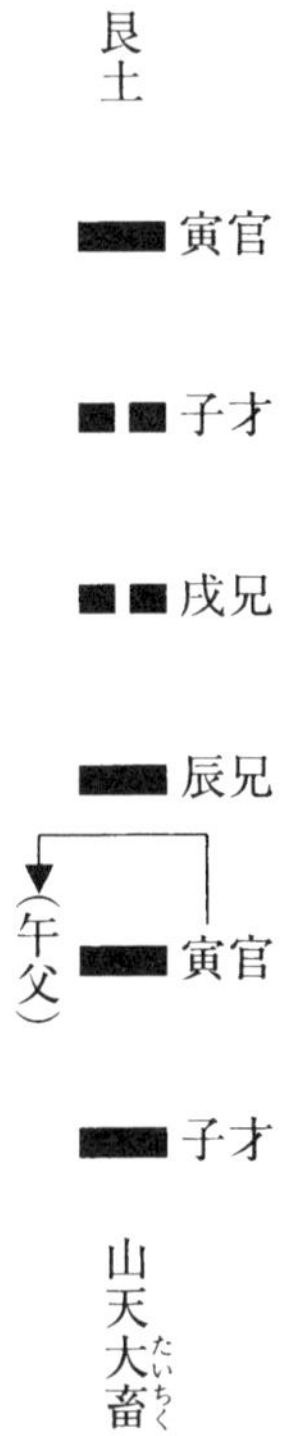

伏神の午父母は、飛神寅官から生じられて強くなります。

「遯《とん》」では、

伏神は隠れているので、元々弱いのに、飛神辰父母から剋されて、さらに弱くなります。

（ツ）卦身《かしん》

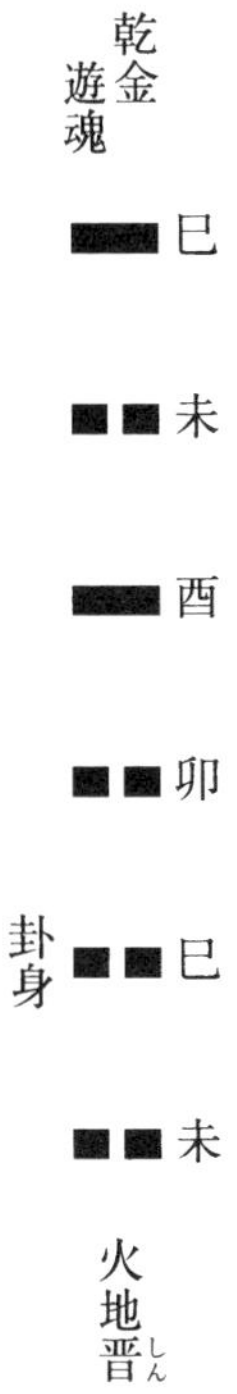

六十四卦表には、三爻の卯才のところに「身《しん》」と書いてありますが、これが卦身です。

卦身は、世爻の分身《ぶんしん》、占的、あるいは占事の発生の時期と見ます。

（ネ）用神《ようじん》、原神《げんしん》、忌神《きじん》、仇神《あだがみ》

占いの中心、的《まと》が用神です。たとえば土地家屋なら父母が用神で、金のことは才とか用神を初めに決めてから吉凶を占います。

用神を助けるのが原神です。原神は動爻のほうが用神を強く助けられます。

忌神は、用神を剋し、制するものです。仇神は忌神を助けるので、用神が弱くなります。

たとえば金運を占って、

用神――才

（火）

巳兄	▅▅▅		▅▅▅	
未孫	▅ ▅		▅ ▅	
酉才	▅▅▅	応	▅▅▅	
申才	▅▅▅		▅▅▅	
午兄	▅ ▅		▅▅▅	官亥
辰孫	▅ ▅	世	▅ ▅	（父卯）

火山旅　二爻変

火風鼎《てい》

を得たとします。

三爻と四爻の酉才と申才が用神です。

忌神は才を剋す二爻の午兄（火剋金）です。

仇神は忌神午兄を生ずる卯父母ですが、二爻に伏神してますから、力は弱い（休囚）と見ます。用神の才を助ける辰孫と未孫が、原神です。

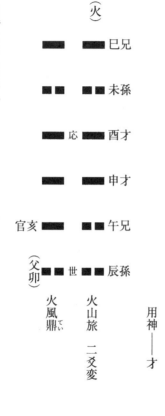

（ナ）用神の分類

巻末に「用神表」（218頁）を付けますが、その基本的考え方を述べます。

①父母

父母は、我を育み養ってくれるので、父母、祖父母、目上、家土地、また、助けてくれるものとして、船、車、布、その他、文書、通信、証拠書類、印鑑。なお、父母は子供のためにいろいろと心をくだき心配をするので、辛労（心労）も父母とします。

②官鬼

夫、裁判所、神仏、盗賊、病気、憂倶の神、などとします。

③兄弟

兄弟姉妹、友人、破財《はざい》、争い、ライバル。

④妻財（才と略記します）

妻妾、従業員、お金、宝石、食べ物。

⑤子孫

子供、孫、門人、神官、僧侶、医師、医薬、安全の神、ペット、家畜、財源、など。

⑥世爻、応爻

世爻も応爻も大事な用神です。世爻は、我（本人）です。ただ本人がこなくとも、頼まれてきたときは、世爻とします。

応爻は他人、ライバルとします。たとえば、選挙の場合は、どちらかを世爻とし、相手を応爻とします（占例参照）。

（ラ）**接続相生《そうしょう》（略筮では用いません）**

中筮で、忌神が動いても、同時に原神が動けば、忌神→原神→用神というふうになって、忌神は用神を剋しません。

たとえば仕事運を占うときは、官鬼が用神ですが、中筮で占って、

世爻（自分）に卯木官鬼が付いているのは吉です。しかし、四爻の申金子孫が剋してきますが、幸い上爻の子才が動いているので、申子孫が子を生じ、子才が世爻を生じます。これを接続相生といいます。

（ム）三合会局《さんごうかいきょく》（略筮では使いません）

三号会局が成立するのは、

①本卦の三爻全部が動くとき、

②本卦の二爻が動くとき、

が原則ですが、占者（占例）によって違いがあります。

（ウ）六神《りくじん》（六獣《りくじゅう》）

幕末の有名な白虎隊、朱雀隊、玄武隊も、また古代の朱雀大通り、古墳の朱雀もここから出ていると思われます。

六神《りくじん》とは、青竜《せいりゅう》（木）、朱雀《すじゃく》（火）、勾陳《こうちん》（土）、騰蛇《とうだ》（土）、白虎《びゃっこ》（六白）、玄武《げんぶ》（水）の六つをいいます。性格を見るのに用います。

①青龍—五行は木《もく》。仁《じん》の神で、優美、温順、趣味が豊か、と見、反面、遊怠、酒肴と見ます。

②朱雀—五行は火（九紫）。礼神、弁説、華美、才気闊達。

③勾陳—五行は土（八白）。純朴、鈍重。

④騰蛇—五行は土（二黒）。まじめで、よく働らく（働らきすぎ）、迷い。

⑤白虎—五行は金（六白）。父親の血、性格を受けつぎ、跡つぎ、頑張り屋、頑固と見ます。

⑥玄武―五行は水（一白）で、はっきりしない性格、おとなしい人、ストレスがたまり易い。

たとえば、

酉月辛酉日（子丑空亡）

六獣	沢火革	沢雷随　三爻変	十二支
騰蛇	⚋	⚋	未
勾陳	⚊	⚊	酉
朱雀	⚊	⚊	亥
青龍	⚊	⚋	辰
玄武	⚋	⚋	寅
白虎	⚊	⚊	子

辛（金）の日ですから、下から上に振ってゆきます。

上爻	五爻	四爻	三爻	二爻	初爻
土	土	火	木	水	金

（初爻から上爻へ、下から上への矢印）

（廿）空亡《くうぼう》

空亡とは、旬空《じゅんくう》ともいい、十干と十二支を組み合わせると、二支が余ります。この二支を空亡といいます。そして空亡中は、天《てん》の恵みを受けない、剋を受けない、力を発揮できないとされ、空亡が終る（実空）と、恵を受ける、力を発揮できる、あるいは剋を受けることになります。

①有用《ゆうよう》の空亡
・発動する空爻か、月建・日建、動爻の生か合を受ける空亡。
②無用の空亡
・静爻あるいは伏神の空亡で、月建・日建・動爻・化爻の剋を受けるもの。月破で他の生・合のないもの。
月建・日建に休囚（生も合もないこと）して動爻の生のないもの――これらを真空《しんくう》といいます。

次に「空亡表」を書きます。

（注）念のため十干と十二支を書きます。
十干――甲乙丙丁戊己《き》庚辛壬癸
十二支――子丑寅卯辰巳《み》午未申酉戌亥

〈空亡表〉

										空亡
甲子	乙丑	丙寅	丁卯	戊辰	己巳	庚午	辛未	壬申	癸酉	戌亥
甲戌	乙亥	丙子	丁丑	戊寅	己卯	庚辰	辛巳	壬午	癸未	申酉
甲申	乙酉	丙戌	丁亥	戊子	己丑	庚寅	辛卯	壬辰	癸巳	午未
甲午	乙未	丙申	丁酉	戊戌	己亥	庚子	辛丑	壬寅	癸卯	辰巳
甲辰	乙巳	丙午	丁未	戊申	己酉	庚戌	辛亥	壬子	癸丑	寅卯
甲寅	乙卯	丙辰	丁巳	戊午	己未	庚申	辛酉	壬戌	癸亥	子丑

（ノ）日建と六親の関係

日建に六親（父母、兄弟、妻財、官鬼、子孫）の何が付くかによって、的確な判断ができます。

酉月辛酉日（子丑空亡）
兄　兄

乾金

父戌	▅▅▅	世	
兄申	▅▅▅		父戌
官午	▅▅▅		
父辰	▅▅▅	応	
才寅	▅▅▅		
孫子	▅▅▅		

乾為天《てん》　五爻変

日建に酉兄弟が付いているので、財運占と、求妻占は不利と見ます。もちろん、これだけで決めるのではなく、卦中の動爻も見ます。乾為天の卦では、月建酉兄、日建も酉兄ですから、兄弟は旺相で、二爻の寅を剋す上に、五爻の動爻中兄にも剋されますので、寅才は非常に弱くなります。仮りに日建に才がつくと、財運は強い、と見ます。

・要約しますと、日建に父母が付くと、親、家土地、心労、旅行、文書、通信などの問題と見ます。
・日建に才が付くと、女性問題、金の問題、食事の問題と見ます。
日建に子孫が付くと、相続問題、喜びごと、趣味、子供、神様、くすり、などと見ます。
・日建に官鬼が付くと、男性問題、病気、宮事、などと見ます。
・日建に兄弟が付くと、兄弟、ライバル、損失、友人、などと見ます。

（ヲ）**占事推断法**

お客さんが「黙ってて坐ればピタリと当る」などの言葉にまどわされて、一言もしゃべらないことがたまにあります。こういう場合は、

①世爻に何が付いているか？

②動爻に何が付いているか？

③応爻に何が付いているか？

④世爻と「日建の六親」の関係

⑤応爻は、旅行先、家出先、相手、目的、と見ます。

（ク）**応期断法**《おうきだんぽう》

応期とは、いつ家出人が帰ってくるか、とか、いつ引っ越したらよいか、とか、いつ結婚相手が出てくるか、とか、その時期を示すことをいいます。

応期の基本原則は、

1、休囚して弱いものは、旺相して強くなるとき。

2、極旺（大旺）して強いものは、休囚して弱くなるとき。

また、旺相、休囚を主体とするときは、

（1）値年月のとき

（2）生を受けるとき

（3）剋を受けるとき
（4）合は冲のとき
（5）冲は合のとき
（6）動は合のとき
（7）静は冲のとき
（8）用神が発動して墓《ぼ》に化すときは化爻を冲すとき

酉月辛酉日（子丑空亡）
才　才

仮りに仕事運を占ったときは、世爻（自分）に亥官鬼が付き、月と日から生じられて吉ですが、亥官鬼は動いて辰に入墓します。この辰を冲する戌が応期です。戌は十月です。

（9）用神が旺相で安静、日建に入墓するときは、冲のとき

戊月丁丑日（申酉空亡）

火
帰魂

天火同人《てんかどうじん》　初爻変

天山遯《とん》

財運占ですと、五爻の申才が静で、月建の生を受けており、そして日建の丑に入墓しておりますので、申才を冲する寅のときに入金します。

次に生旺墓絶の表を図示します。

長生	帝旺	墓	
申	子	辰	子と亥は辰に入墓する
亥	卯	未	寅と卯は未に入墓する
寅	午	戌	巳と午は戌に入墓する
巳	酉	丑	申と酉は丑に入墓する

つまり、水は辰に、木は未に、火は戌に、金は丑に入墓します。

(10)用神が、月建または日建と合をなし、あるいは動爻と合をなし、あるいは動いて合となるものは、冲のときに応じます。

(11)用神が有気にして安静、空亡となるものは、空を出でて（実空）冲のときに応じます。

戌月丙子日（申酉空亡）

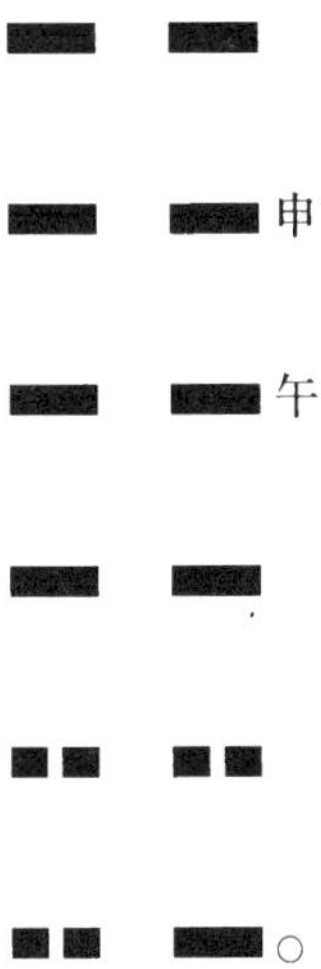

天火同人《てんかどうじん》　初爻変

天山遯《とん》

仮りに財運占ならば五爻の申才が月建の生を受けていますが、申才が空亡になっております。

これは申の日に実空します。つまり力が発揮できるのです。「空亡表」（68頁）を見て下さい。申、酉、戌、亥、子、丑、寅の順に動き、申を冲する寅のときに応じます。

（12）用神が空亡で発動

戊月丙子日（申酉空亡）

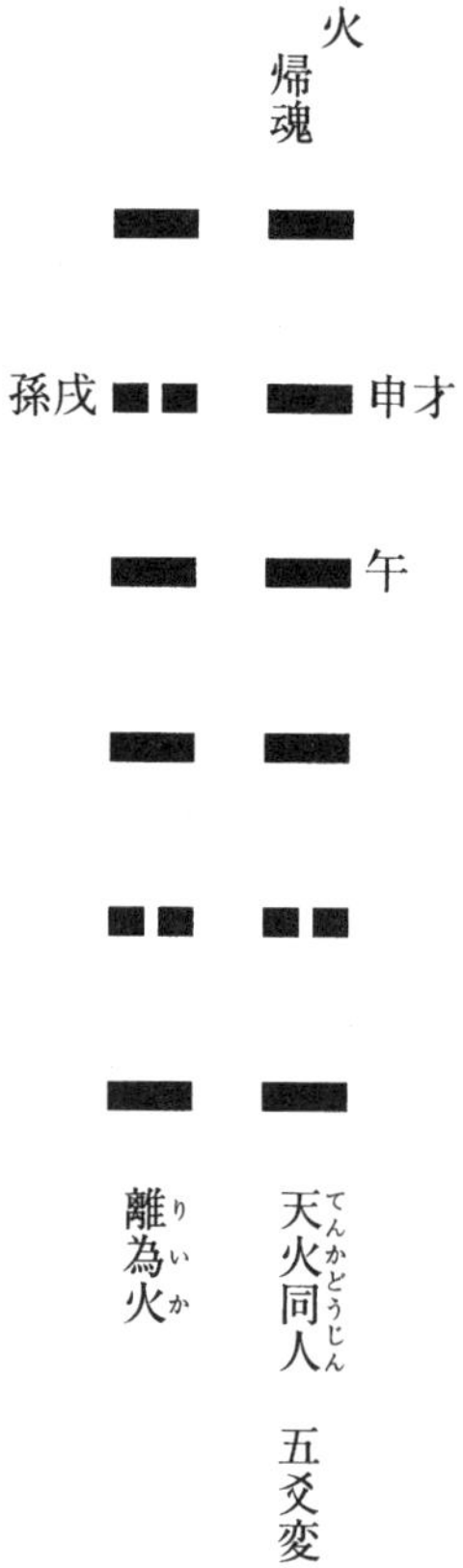

応期は、空を出でて（実空）のちの値月、日に応じます。つまり申月か申の日に応じます。

（13）用神が空亡で発動し、月建・日建・動爻から合を被むるか、動いて合に化すものは、冲のときに応じます。

（14）用神が空亡かつ安静にして冲を被むるものは、実空してのち、合に逢うとき、また値月日に応じます。

（15）用爻が空亡で発動し、冲を被むるものは、本月あるいは本日に応じます。

（16）用爻が月破の場合は、合に逢う月日、または填実《てんじつ》（用爻の値月）に応じます。

（17）用爻が発動して進神に化すものは、その値月日、または本爻が合に逢うときに応じます。

戌月丙子日（申酉空亡）

二爻の寅兄が動いて卯兄に変ります。寅→卯と時計まわりですから進神で勢いが強くなります。

応期は、その値月日、つまり寅月か寅の日、または本爻の寅が合に逢う亥月か亥日に応じます。

これが商売占、事業占ならば、寅月か寅の日、また亥月か亥の日が危ない（マイナス）と見ます。

(18) 用神が発動して退神に化すものは、本爻の値月日、または化爻が冲に逢うときに応じます。

寅月戊戌日（辰巳空亡）

三爻の辰父が動いて丑父母の退神（反時計まわり）に化しております。応期は本爻辰の値月日か、化爻丑を冲する未の月日に応じます。

⑲　用神が有気にして伏神するものは、冲する月日か、値月日に応じます。

酉月丙辰日（子丑空亡）

右の卦は、合格証書がいつ届くかを占ったものです。

用神は父母ですが、二爻に伏神しております。
飛神丑兄が空亡しておりますので午の日が応期です。
また子供の病気を占って、

酉月丙辰日（子丑空亡）

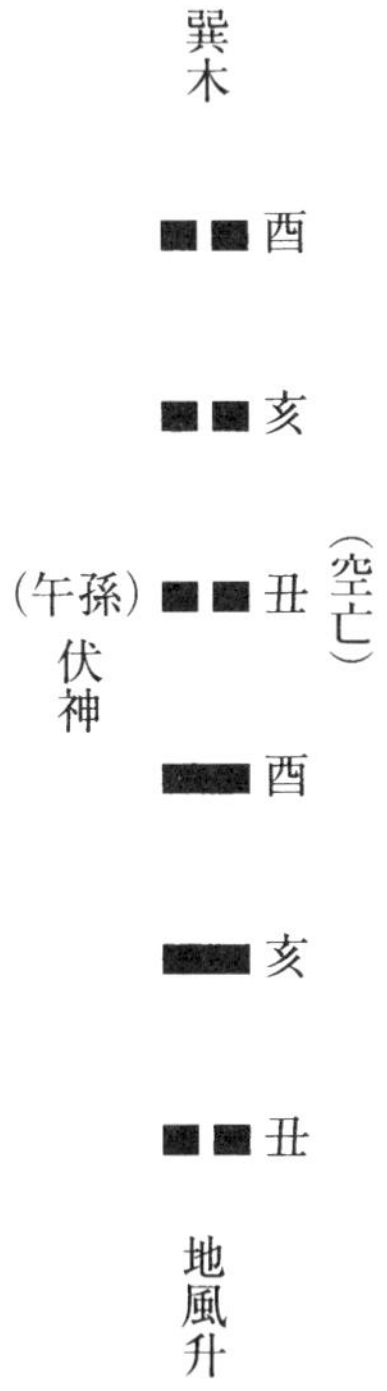

用神は、子孫です。
四爻の丑才が空亡しているので、伏神はすぐ出透《しゅうとう》（伏神で無くなる、つまり力を発揮します）して、午の日に病気は治りました。

・なお、伏神は、月建か日建から生を受けるか、伏神が日・月に臨《のぞ》む（伏神と同じ支が月建か日建に付いている）か、飛神から生を受けるか、あるいは飛神が日、月、動爻から剋を受けるか、また飛神が空亡、月破、休囚、日建に墓か絶のときは、出透できます。

・しかし、伏神が弱くて飛神、日、月、動爻が強いときは出透できません。

・なお、伏神が旺相して空亡の場合は、出空の日に出透する（提抜《ていばつ》）といいます。
(20) 用神が空亡、安静にして、原神が発動するときは、原神の値《ち》月日に応じます。
(21) 用神が衰弱して原神が旺相安静なるは、原神は冲する月日に応じます。

（ヤ）病占で官鬼が伏神のとき

（1）世爻に伏神すれば、旧病再発か遺伝。
（2）妻財に伏神すれば、飲食による病気。
（3）子孫に伏神すれば、遊び、行楽、大酒、栄養過度。
（4）父母に伏神すれば、心身の過労、ストレス。
（5）兄弟に伏神すれば、栄養不足。
（6）応爻に伏神すれば、他人からの感染。

（マ）月建と日建からの作用

月建の作用はその月のみに及ぼしますが、日建は永く作用を及ぼします。
・月併《げっぺい》（爻支が月支と同じ）か、月支から生を受けるか、月支と五行が同じ（比和）ときは、旺相とします。また、月建からの合は旺相とします。
・月建の五行が木（寅卯）のときは、土、金、水は休囚とします。月建から冲を受けると月破ですから、休囚とします。

・日建からの作用

日建と同じ五行、日建からの生と合は旺相。

静爻が旺相して日建から冲を受けたときは、冲起暗動《あんどう》（冲動）といって、強くなります。

日建と同じ支を日併といい、比和《ひわ》とは、同行の異支（寅日なら卯）をいいます。

また、日建から合を合起《ごうき》といいます（静爻の場合）。

動爻の場合は合住《ごうじゅう》といいます。

たとえば、

卯月己亥日（辰巳空亡）

震木

	雷水解《かい》　上爻変	火水未済《びせい》
戌	⚋	⚊
申	⚋	⚋
午	⚊	⚊
午	⚋	⚋
辰	⚊	⚊
寅兄	⚋	⚋

初爻の寅兄弟は日建の亥父母から生と合を受けております。これを合起といい、動く情《じょう》がある、とします（初爻寅兄は静爻です）。

また、

卯月己亥日（辰巳空亡）

震木

本卦		之卦	
戌	▅ ▅	▅ ▅	
申	▅ ▅	▅ ▅	
午	▅▅▅	▅▅▅	
午	▅ ▅	▅ ▅	
辰	▅▅▅	▅▅▅	
○寅兄	▅ ▅	▅▅▅	孫巳

雷水解《かい》　初爻変　　雷沢帰妹

初爻の寅兄弟は動爻ですから、日建の亥父母の合を受けて、合住となります。初爻の寅兄弟が動こうとするのを、合住でとめているわけです。寅兄弟を冲する申の月か日に動きます。

（ケ）出現無情《むじょう》（反徳扶人《はんとくふじん》）

巽木

本卦			之卦	
卯兄	▅▅▅	世	▅▅▅	
巳孫	▅▅▅		▅▅▅	
未才	▅ ▅		▅▅▅	孫午
酉官	▅▅▅	応	▅▅▅	
亥父	▅▅▅		▅▅▅	
丑才	▅ ▅		▅ ▅	

巽為風《そんいふう》　四爻変　　天風姤《こう》

四爻の未才が動いておりますが、世爻（自分）を生じないで、応爻（他の人）の酉官鬼を生じておりますので、これを出現無情といいます。

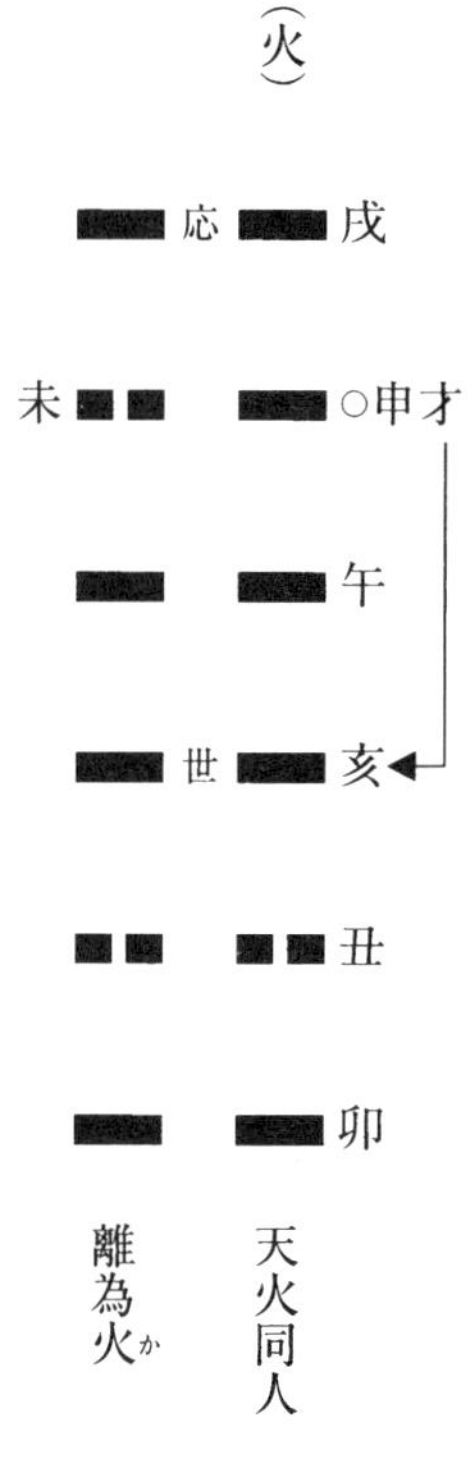

これは、発動した五爻の申才が世爻（我）を生じておりますので、出現有情です。

（フ）物来《きた》りて我に就《つ》く

普通の占では、世爻が動爻その他から剋されるのは、よくないのですが、求財占（売買、取引き）に限って金が入る、とされております。

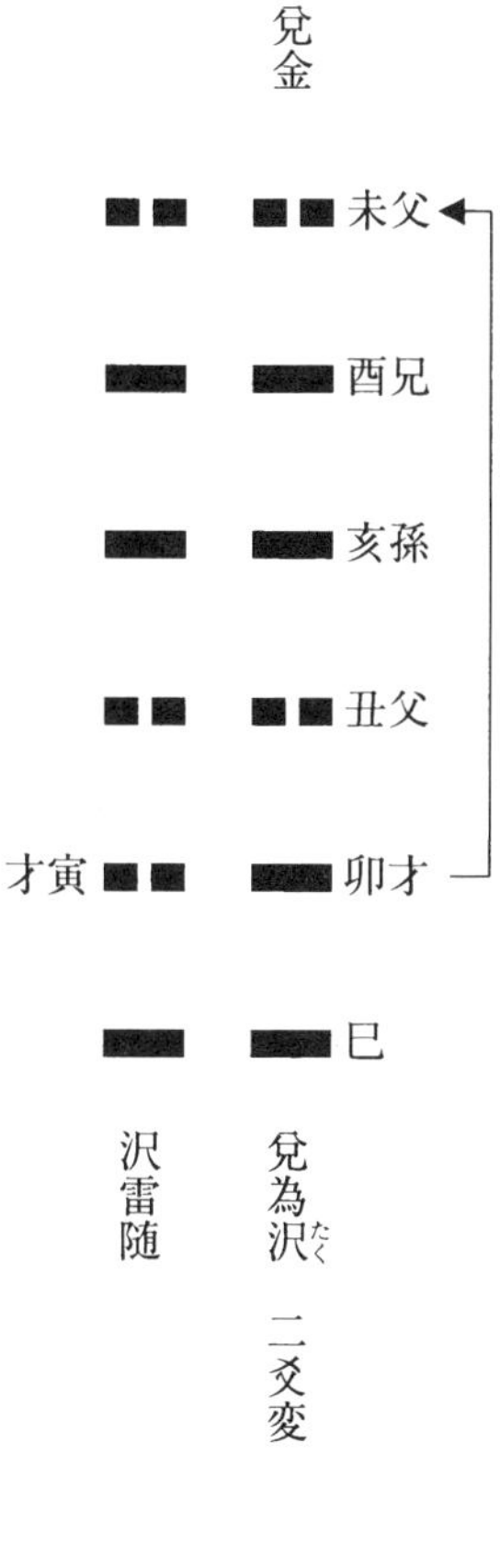

・二爻の卯才が動いて世爻未父母を剋しております。
応期は卯の日か、化爻寅才を冲する申の日に入金します。

・また、月日の剋も入金します。

・世爻が動いて回頭の剋に化す場合も入金します。

震木遊魂

		沢風大過《たいか》		山風蠱《こ》
未		━ ━		━━━ 寅
酉		━━━		━ ━ 子
父亥	世	━━━		━ ━ 戌才
		━━━		━━━
		━━━		━━━
	応	━ ━		━ ━

沢風大過《たいか》　四、五、上爻変

（コ）隋官入墓

世爻に官鬼が付いて、その爻が日建に墓に入り、または動いて墓に化すことをいい、病占には凶といいます。

丙辰日（子丑空亡）→ 亥官

火帰魂

	天火同人《どうじん》	
応	━━━	
	━━━	
	━━━	
世	━━━	官亥
	━ ━	丑
	━━━	卯

亥水は辰に入墓します。

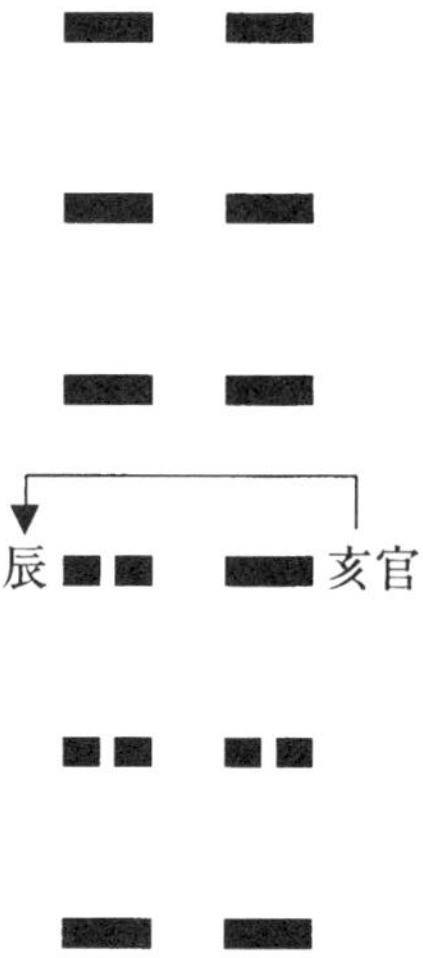

天火同人　三爻変
天雷无妄《むもう》

（エ）空亡、伏神、入墓中は凶を避く

動爻から剋を受けても、その期間は凶とはならない。ただし、実空したとき、墓を冲したとき、伏神の値月日に至って凶を受ける（用神が旺相か休囚しているかによって吉凶の差が出ます）。

用神が動いて官鬼に化す（用動化鬼）。

世が用神のとき、

例①

山雷頤　四爻変
火雷噬嗑

世爻戌才が動いて酉官鬼を化出しております。
他に余程の吉兆が他に無いと、必死の占とされております。

例②　子供の病気を占って、

用神——子孫

（水）

	水火既済《き》《せい》　初爻変	水山蹇	
子	▅▅ ▅▅	▅▅ ▅▅	
戌	▅▅▅▅▅	▅▅▅▅▅	
申	▅▅ ▅▅	▅▅ ▅▅	
亥	▅▅▅▅▅	▅▅▅▅▅	
丑	▅▅ ▅▅	▅▅ ▅▅	
卯孫	▅▅▅▅▅	▅▅ ▅▅	官辰

これも余程の吉兆が他に無いと、必死の占とされております。

第二章　実占例

1　事業・商売占

〈1〉フジテレビ対ライブドア

ライブドアがニッポン放送に対して「敵対的買収」を始めて、堀江社長は一躍、時代の寵児然として不敵な笑みを浮べて、連日のようにテレビに出演している。

これに対して、ニッポン放送のフジテレビに対する新株予約権の発行策を打ち出したが、ライブドアが東京地裁に提訴をした。

そこで、フジテレビとライブドアの判決如何を占ってみた。

寅月戊寅日（申酉空亡）
才　才

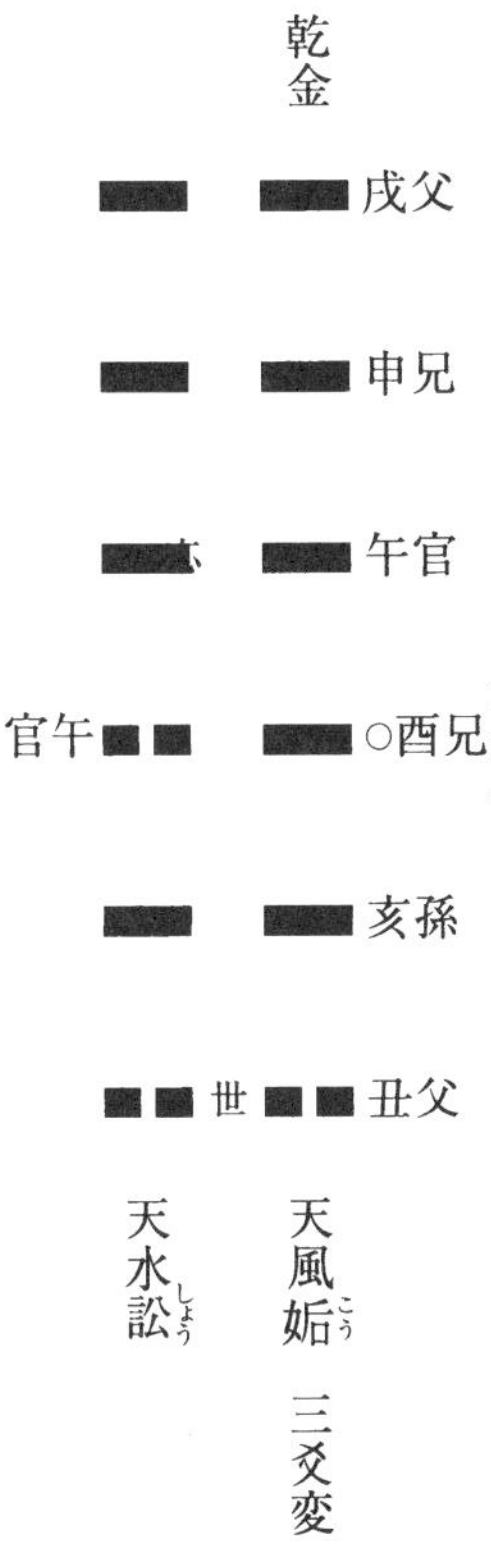

世――フジテレビ
応――ライブドア

まず、世爻（フジテレビ）丑の父母は月建寅才と日建寅才に、木剋土と剋されており、全く弱い。

これに対してライブドアの応爻午官鬼は、月建寅才と日建寅才の生を受けているので、東京地裁は明らかにライブドアに軍配を上げると判断しました。

この占例で興味深いのは、月建と日建に「才」、つまりお金の星がついていて、その才がライブドアを助け、フジテレビを剋しているという点であります。

結果はご存知のようにライブドアが勝訴しました。

この結果に対して賛否両論がありますが、私は、かつての横井英樹氏の白木屋の乗っ取り事件と、ホテル・ニュージャパンの大火災による悲惨なる事件を思い起しました。

何事も行き過ぎは必ずや天罰を受けると思います。

共産主義が悪であることは、ソ連の崩壊と北朝鮮の実態が証明しておりますが、資本主義もまた、金があれば何をやってもよいという弊害は、修正されなければ、国家・社会は崩壊の恐れがあります。政府ももちろん対策を考えておるようですが、これは当然のことであると思います。

コクドと西武鉄道の事件も、資本主義の欠陥が問題であると思います。

また、法律的に正しければ何をやってもよいかという問題もあります。

私は、法律以前に、日本の風土、風俗、伝統、習慣、人情、その他が大切であると思います。

〈2〉飲み屋の今後について

娘が飲み屋を始めたが、だんだん売上げが落ちているという。店を続けるべきか、廃業すべきか、との相談です。

十年以上前の夏の夕方、母娘が来宅されました。娘さんは体形もなよなよしており、美人です。ですが、人にはそれぞれ持って生れた性格、適性があります。

女性

年	乙未	燥土		
月	辛巳	病	死	空亡
日	甲午	死		

（辰巳）

午

アンケン	2	7	⑨
	1	3	5
	6	8	4

破

四柱推命で見ますと、巳月（五月）生れですが、日支に午火があり、年支未は燥土です。しかも、水が無いので、乙草は枯れてしまいます。健康に不安があります。

なお「十二運」も「死」が二つ、「病」が一つあります。やはり健康不安です。

また、月支巳が空亡しているので、男性運もよくありません。五十歳の今も独身です。

なお「日盤」で見ると、坤宮に入っております。坤宮は、田畑です。田畑は、一日二十四時間、しかも三百六十五日、休みなく働きます。働きすぎです。今は、坤宮（二黒）と九紫は相生しておりますので、健康に心配はいりませんが、いずれにしても健康には要注意です。

そこで断易を立てて商売の吉凶をみました。

未月丙午日（寅卯空亡）　　用神——才
兄　父

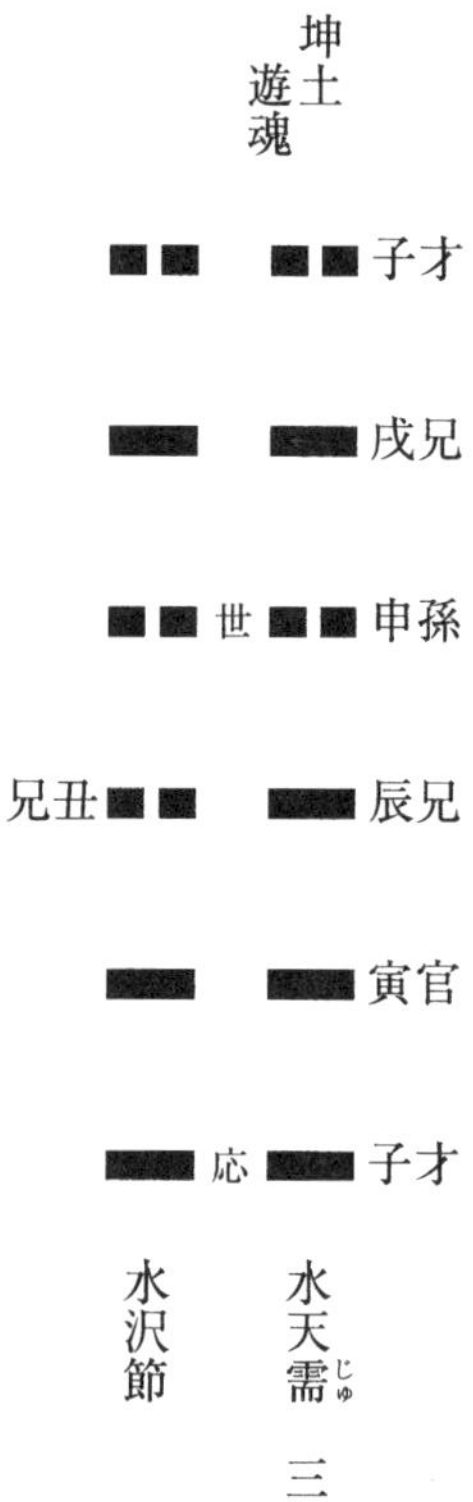

まず、世爻（娘さん）に申孫がついて、月建の生を受けておりますが、日建午父母（才の仇神）の剋を受けております。子孫は才の原神（才を助ける星）ですが、日建の剋を受けているので、客が少ないことを意味しております。

また、用神の子才も、月建未兄弟の剋を受け、日建の午父母の冲を受けて、冲散しますので、儲かりません。

応爻は場所を示しますから、店の場所もよくありません。即刻閉店すべきです。

娘は、それでは今後どうしたらよいでしょうか？　といいます。

私は、世爻（娘さん）に子孫（楽しみ）がついており、日盤でも坤宮（ナンバー2）に入っているので、お店に勤めるのがよいのです、と告げますと、やっと安心して帰られました。

客商売は難しいものです。

〈3〉洋品店を継続すべきか、止めるべきか

洋品店を継続すべきか、止めるべきでしょうかと、二、三年前の初夏、ご夫婦が来宅されました。店を出して二年とのこと。

奥さんは止めたくないのですが、ご主人は止めてしまって家にいてほしい、といいます。

八　　　　年

4	9	②
3	5	7
⑧	1	6

奥さん　　　戌

日盤では、奥さんの八白が、艮《ごん》宮に入っております。艮宮は変化の宮ですから、じっとしているのが嫌いな奥さんです。

ご主人は坤宮という女性の宮《きゅう》に入っております。坤宮に入っている人はよく働きますが、坤宮は母親の宮でもありますから、このご主人は淋しがり屋、甘えん坊ですから、奥さんには家にいてもらいたいのです。

問題は、奥さんとご主人の星が対中《たいちゅう》になっているので、意見が一致しないのです。そこで私のお

客さんの紹介があって、来宅されたとのことです。そこで易を立てました。

巳月庚戌日（寅卯空亡）　　用神——才
父　兄

艮土《ごんど》

寅官 ▅▅▅　▅▅▅
子才 ▅ ▅ 応 ▅ ▅
戌兄 ▅ ▅　▅ ▅
辰兄 ▅▅▅　▅▅▅
（空亡）寅官 ▅▅▅ 世 ▅▅▅
子才 ▅▅▅　▅ ▅ 丑

山天大畜《たいちく》　初爻変
山風蠱《こ》

まず、世爻に寅官鬼（働く星）がついておりますが、月建と日建に休囚（弱い）しており、かつ空亡しております。

また、初爻の子才が動いておりますが、動いて丑兄弟（赤字）となり、かつ子と丑の合で「合住《ごうじゅう》」となります。そして月建の巳には絶、日建の戌兄弟から剋されているので、この先続けても損をするばかりです。私は、止めたほうがよいと告げました。

この占は昭和五十六年のことですから、ご主人は当時四十七歳、奥さんは四十四歳でした。

それでは今後、どんな仕事をしたらよいでしょうか？　ということで、二人の命式を出してみました。

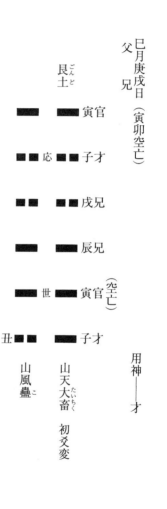

夫
年　乙亥
月　辛巳　冲　建禄　死　空亡
日　戊戌　魁罡
（辰巳空亡）

奥さん
年　戊寅
月　壬戌　火局三合（変則）　冠帯　冠帯
日　壬午　胎
（申酉空亡）

ご主人の命式を見ると、年支亥の偏財が冲散していて弱いので、独立も商売もダメです。

魁罡は人に頭を下げるのが嫌いな性格です。また「死」は技術の星ですから、技術系の仕事がよいのです。

奥さんの星は、地支が変則ですが火局三合して「財」になりますが、肝心の日干（本人）の壬《じん》は隣りに一つあるだけで、地支が火局ですから、「財多身弱《ざいたみじゃく》」といって、独立には向きません。お店に勤めるほうがよいのです。

結論は、お二人とも、勤めるほうが無難です、と告げました。

〈4〉社長を引き受けてくれ、といわれているが

昭和五十六年の初夏、隣りの市から、四十一歳の男性が来宅されました。

今の会社に勤めて二十五年になるが、社長から、あとを引き受けてくれ、といわれましたが、といいます。

従業員は十五人とのこと。

さっそく命式を出し、日盤も出してみました。

午

	6	2	4
本人	⑤	7	9
	1	③	8

社長（65才）日破

お客さんは震宮という、あとつぎの宮に入っておりますが、震（三碧）の剋を受けております。

社長は、坎宮に入っており、日破ですし体調がよくないのです。

それに、震宮は「不安定」の宮です。

年　辛巳（空亡）

月　庚寅　死　絶
日　丁酉　長生
（辰巳空亡）

日干（本人）丁《ひのと》に対して、酉、庚、辛の財星がありますので、お金には困りませんが、十二運が弱いので、独立はむりです。
そこで、易を立ててみました。
〈会社を引き受けることの可否〉

巳月甲午日（辰巳）
官　官

兌金

	■■ ■■	応	■■ ■■	戌父
兄酉	■■■■		■■ ■■	申兄
（亥孫）	■■■■		■■■■	午官
	■■■■	世	■■■■	申兄
（卯才）	■■ ■■		■■ ■■	午官
	■■ ■■		■■ ■■	辰父（空亡）
	沢山咸《かん》		雷山小過　五爻変	

用神——世爻
才

世爻に兄弟がつき、また五爻の申兄が動いて「進神」に化しておりますので、赤字経営になります。

また、肝心の世爻申兄が日建午官鬼から剋されているのは、社長となるのは不適格です。

さらに亥孫も、卯才も伏神しているので、儲かりません。

私は、この話には乗らないほうがよいですよ、と申しました。

ご本人も、奥さんも「そうします」といわれ合点されました。奥さんは、始めからこの話に大反対されていたのです。

〈5〉スナックを出店することの可否

平成十年の正月始め、隣りの市から、五十半ばの女性が来宅されました。氷が張って非常に寒い朝でした。

相談は、今の勤めを辞めて、隣りの家を借りてスナックをやりたいが、どうでしょうか、というのです。

私はお二人の生年月日を聞いてから「ご主人は反対してますね」と申しました。すると奥さんは、「そうなんです。主人は大反対で、女は家にいろ、っていうんです。しかし、私はじっとしているのはいやなんです。どうしたらよろしいでしょうか?」といいます。

		ア	夫	
	8	4	⑥	
卯	7	9	2	ハ
奥さん	③	5	1	

まず日盤を見ると、奥さんの三碧は艮宮《ごん》に入っているので、活動的な人です。それに対してご主人の六白は坤宮という女性の宮に入っており、対中ですから、意見の不一致です。

次にお二人の命式を出してみました。

奥さん

年　癸未

月　甲子　沐沐

日　甲辰　衰

（寅卯空亡）

平成十年は寅年、十一年は卯年で、二年間は「空亡」の年ですから、出店は不可です。

夫

年　庚辰

月　己丑　冠帯　墓

日　甲子　沐浴

（戌亥空亡）

奥さんの命式は、「財」も「十二運」も弱いし、独立星（胎）もありません。

ご主人の命式は「財多身弱」ですから、勤めているほうが無難です。

そこで念のため易を立ててみました。

丑月乙卯日（子丑空亡）
兄

用神――才

震木

六親	雷地予《よ》		雷水解《かい》	
戌才	▅ ▅		▅ ▅	
申官	▅ ▅		▅ ▅	
午孫	▅▅▅	応	▅▅▅	
卯兄	▅ ▅		▅ ▅	才辰
巳孫	▅ ▅		▅▅▅	
未才	▅ ▅	世	▅ ▅	

雷地予《よ》　二爻変

雷水解《かい》

一見して、世爻（奥さん）に、未才がついておりますが、月建丑の冲を受けているのでよくありません。しかも、日建に卯の兄弟（マイナス）がつくのは、商売にとっては、よくないのです。

また世爻の未才が日建兄弟の剋を受けているのは、経営に疲れて病気になる心配があります。

奥さんは、出店は二、三年先に延ばしますといって、お帰りになりました。

〈6〉保険の営業を辞めるべきか、継続すべきか

保険の営業の仕事をしていますが、続けるべきか、辞めるべきか、という相談が、初夏としては涼しい日の夕刻に電話でありました。当時、五十半ばの女性からです。

辰

4	9	2
3	5	7
8	①	6

ハ

S20年生れ

日盤を見ると、坎宮に入っているので、一応営業向きの人です。

奥さん

年　乙酉

月　癸未　衰　墓

日　戊戌　魁罡《かいごう》　墓

（辰巳空亡）

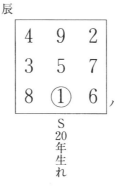

日盤では、夫の星である六白が日破ですから、不健康かもしれません（奥さんは黙ってうなづきます）。

命式を見ても、未月という猛暑の生れですから「水」が必要ですが、水は弱いので、夫の星である乙草は枯れてしまいます。

そこで易を立ててみました。

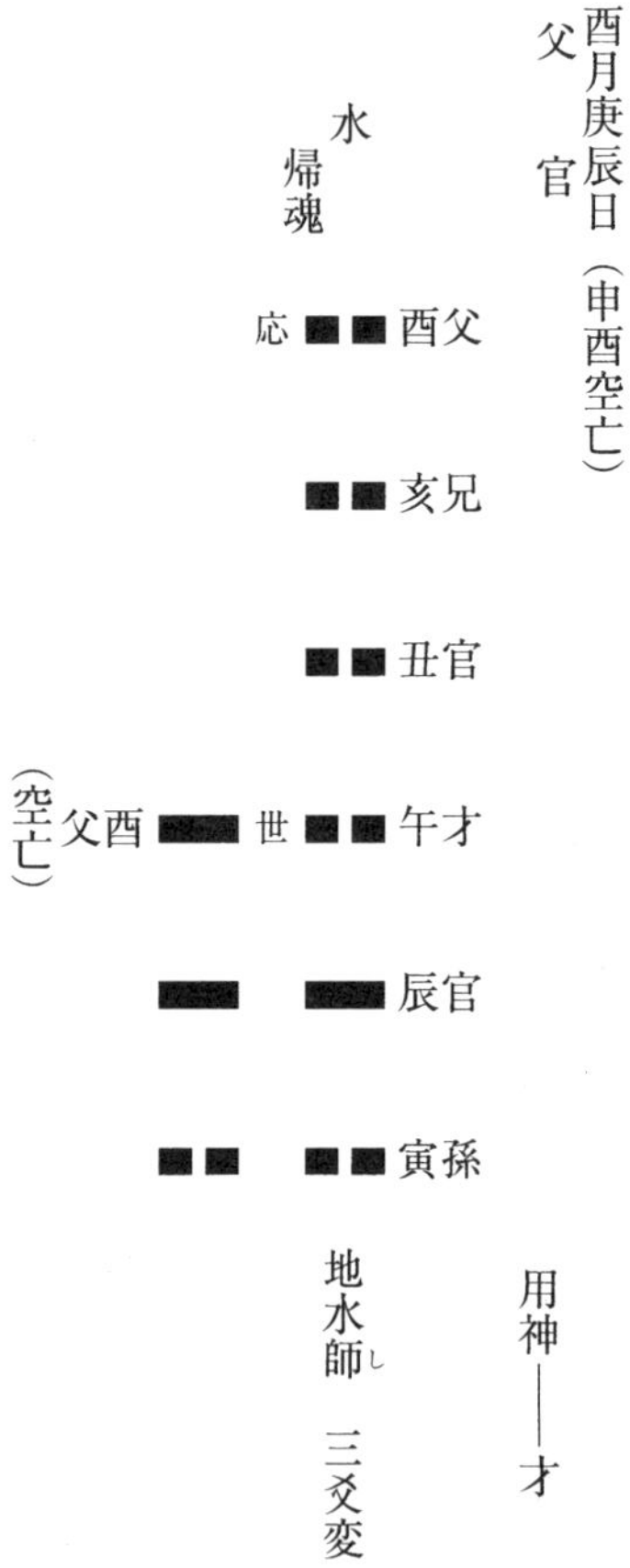

世爻（本人）に午才がついて動いております。しかし、月建と日建からは休囚（弱い）しており、動いて酉父母の空亡に化します。

やはり止めるべきです。

ただ、世爻は動いているので、店を始めるでしょう。私は、余りお金をかけないでやって下さい、と申し添えました。

〈7〉スナック出店の可否

やっと猛暑の収まった九月の下旬に、三十歳になったばかりのご夫婦が来宅されました。スナックをやりたいといいます。

まず二人の命式を出してみました。

夫

年　戊子

月　乙卯　胎　建禄　空亡（財空亡）

日　庚戌　衰

（寅卯空亡）

奥さん

年　丁亥

月　辛亥　長生　沐浴

日　甲午　死

（辰巳空亡）

ご主人には独立星の「胎」があります。しかし、問題は、月支卯才が空亡していることです。
「ソロバン合って銭足らず」にならぬよう注意すべきです。
日盤では、

ハ

4	9	2	
3	5	⑦	夫
⑧	1	6	

本人　丑

奥さんはよく働く星ですし、ご主人は商売向きです。

そこで易を立ててみました。

酉月己丑日（午未空亡）

水

戌官	━ ━		━ ━	
申父	━ ━	世	━━━	父酉
午才（空亡）	━━━		━━━	
亥兄	━━━		━━━	
丑官	━ ━	応	━ ━	
卯孫	━━━		━━━	

雷火豊　五爻変

沢火革

用神――才

世爻申父母（才の仇神）が動いて進神に化し、月建に比和、日建の生を受けております。

午才は月建、日建に休囚して弱い。かつ空亡です。

卯子孫は月破、日建に休囚しており弱い。

これでは開店しても、儲かりません。勤めるほうが無難です。

このご夫婦は、お金を掛けて改装して開店しましたが、やはり半年で倒産しました。

2　健康運

〈8〉健康運

もう二十年も前の子《ね》年の初夏の朝、特攻隊生き残りという大正十年生れの方が来宅されました。

命式を出してみると、

大10年　辛酉
月　戊戌　魁罡　墓
（戊戌・戊午）火局三合半会
日　戊午　帝旺
（子丑空亡）

星が大変強いですね。

お聞きしますと、昔は大酒のみであったせいか、昨年、胃を全摘し、今も通院中といいます。

ハ

4	9	2
3	5	⑦
8	1	6

丑

大正十年生れ

兌宮に入っております。兌宮は飲食の宮ですから、美食家が多いのです。

そこで今後の健康運について易を立てました。

午月丁丑日（申酉空亡）
才　官

用神――子孫と官鬼

水

坎《かん》為《い》水《すい》　三爻変		水風井	
子兄 ▅ ▅	世	▅ ▅	
戌官 ▅▅▅		▅▅▅	
申父 ▅ ▅		▅ ▅	
（空亡）午才 ▅ ▅	応	▅▅▅	才酉
辰官 ▅▅▅		▅▅▅	
寅孫 ▅ ▅		▅ ▅	

まず世爻（本人）に子の兄弟がついております。兄弟は破才《はざい》の星です。才は食べ物ですから、食べ物が摂《と》りにくいとみます。

また、日建が官鬼ですから、完全に回復するとは思えません。回復の星である寅子孫も、月建と日建に休囚して弱いです。

ただ、兌宮に入っている方は、用心深いので、食事に気をつければ永生きする方が多いのです。

〈9〉娘が病気だが、何が障っているかとの相談

娘が病気勝ちですが、何か障《さわ》っているのでしょうか？　と電話での依頼です。

S43年　戊申（空亡）
月　己未
日　癸未
（申酉）

猛暑の七月生れなのに、水は癸の一つしかありません。さらに年支の申（水源）が空亡ですから、ますます水は弱くなります。

水は、腎臓系の病気です。

日盤では、

8	6	1
4	2	9
3	7	⑤

丑

五黄土星の女性ですから、日盤では艮《ごん》宮に入っていて救神の丑がついております。心配はいりません。

念のため、祟り障りのために病気勝ちであったのか、易を立ててみました。

午月己丑日（午未空亡）
兄　孫

用神――子孫

	火			
寅父	━━		━━	
子官	■ ■		━━	兄巳
戌孫	■ ■	世	■ ■	
午兄	■ ■		■ ■	
辰孫	━━		━━	
寅父	■ ■	応	■ ■	
	山水蒙《もう》　五爻変		風水渙《かん》	

四爻の戌子孫が用神です。月建の生を受け、日建と比和（丑土と戌土）しておりますので、旺相しております。

子の官鬼は、月破であり、動いて絶《ぜつ》になりますので、休囚して弱くなり、心配はいりません。

何かいやなことが続くと、どなたでも祟《たた》りや障《さわ》りがあるのでは？　と気にして訪れるお客さんがありますが、私の四十数年にわたる実占例では、家の中に湿気が多いとか、太陽が一日中当らない家にさまざまな問題があります。

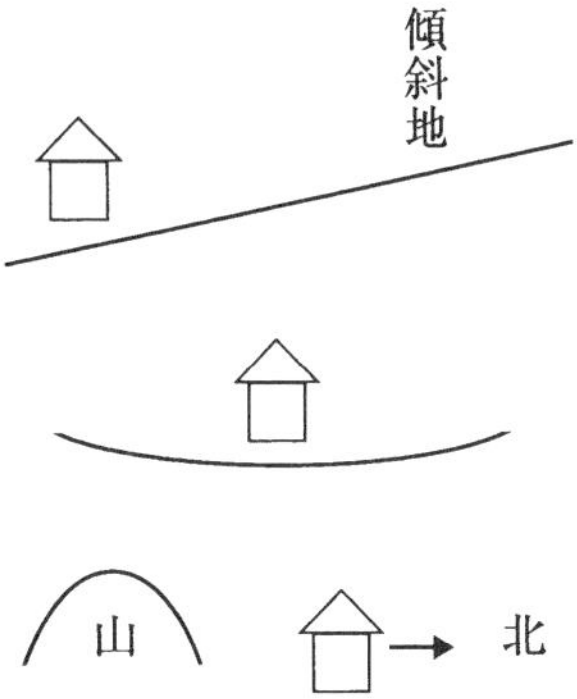

日本は人口が過密な上に、家も小さく、さらに自然がとんどん減っております。私の街でも、ここ三十年で、林が九十%以上無くなってしまいました。そして車が増えるので、空気も汚なくなってきました。
林という地名が今もあり、三十年前には地名のごとく一面、林でしたが、今はすっかり林が消えてしまいました。

〈10〉夫の体調について

夫の体調がよくないのですが、どこが一体悪いのでしょうかと、六月のひどく暑い日の朝早く、奥さんが来宅されました。

まず日盤では

ハ ア

1	6	8
9	2	4
5	⑦	3

丑 夫

命式を出しますと、

夫

年 戊子

月 乙卯 刑（年・月） 刑（年・日） 絶 建禄

日 辛卯 絶

（午未空亡）

坎宮に入っていて相生です。坎宮は暗い、はっきりしない、外面はよく見える、したがってストレスのたまりやすいタイプのご主人です。現代はストレスによる病気が多いのです。

こういう人は、カラオケとか詩吟とか、大きい声を出すことが大切です。

生日（日干辛）は、神経が繊細で、よく気がつく人です。しかも、年支子と月支卯は「刑《けい》」で、年支子と日支卯も「刑」です。

「刑」は、気難しい性格の人といえます。

また、「財多身弱《ざいたみじゃく》」（日干辛を助けるのは年干の戊一つであるのに対して、乙木の偏財が三つあります）。

また、自分の性格の弱点を抑制する官星（この場合は、午か巳です）がありません。

奥さんは「よく分りました。夫の今後の健康状態を見て下さい」と申しますので、易を立てました。

午月己丑日（午未空亡）

孫　才

用神　夫——官鬼

巽木

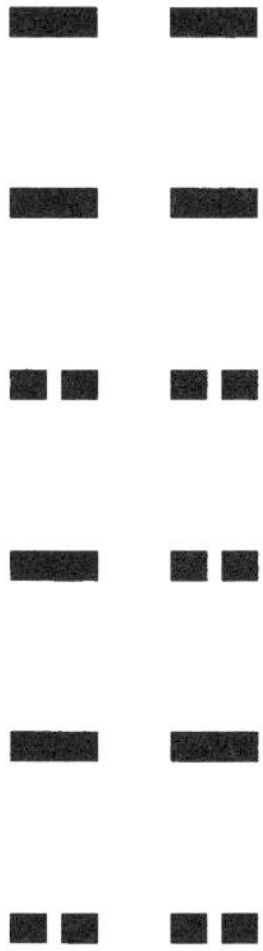

卯兄
巳孫
未才
午孫（空亡）　官酉
辰才
寅兄

風水渙《かん》　三爻変

巽為風《そんいふう》

用神の官鬼は卦にはあらわれておりませんが、三爻が動いて用神の酉官鬼（夫の星）を化出しております。

幸い三爻の午火は酉金官鬼を剋しますが、空亡です。当分は心配ありません。ただし、酉官は月建午火に剋され、日建に入墓しておりますので、弱いのです。十分な摂生が必要です。

〈11〉子供が病気勝ちとのこと

男児が病気勝ちという方の奥さんが、初夏の夕方来宅されました。

男児の病勢ですが、

巳月丙寅日（戌亥空亡）
兄　父

用神――子孫

火

巳兄	━━━	世	━━━	
未孫	━ ━		━ ━	
酉才	━━━		━━━	
亥官	━━━	応	━━━	
丑孫	━ ━		━━━	父寅
卯兄	━━━		━━━	
	離為火《りいか》　二爻変		火天大有《たいゆう》	

用神の子孫爻は二爻の丑と五爻の未の二つありますが、自分の子供であることと、二爻が動いているので、二爻の丑孫を用神とします。

二爻の丑孫は、月建巳の生を受けておりますが、日建寅父母の剋の上、さらに丑孫が動いて寅父母の剋を受けております。これは回頭の剋といって、大凶であります。寅（東）の病院は凶で、巳の東南の専門の病院にいったほうがよいでしょう。ただし、あまりよい状況ではありません。

〈12〉入院中の友人の病勢

入院中の友人の病勢を占って、

申月戊戌日（辰巳空亡）
官　才

巽木

巳孫	▅▅▅		▅▅▅
未才	▅ ▅	世	▅ ▅
酉官	▅▅▅		▅ ▅ 才戌
辰才	▅ ▅		▅ ▅
寅兄	▅ ▅	応	▅ ▅
子父	▅▅▅		▅▅▅

火雷噬嗑　四爻変
山雷頤《い》

用神——応爻

用神の応爻寅兄（食事がとれない）が、月破、日建に休囚です。

原神の子父母は、月建の生を受けておりますが、日建戌才の剋を受けておりますので、寅兄の助けにはなりません。

忌神の酉官鬼は、月建と比和、日建の生を受け、さらに動いて回頭の生となり、旺相しております。

用神も原神も弱く、忌神が非常に強いので助かりそうにありません。

果して翌月（酉月）に亡くなられました。

さらに同じ病占でも、よくなる、回復する、と卦が示してくれたときは、お客さんはもちろんのこと、占者としても喜ばしいことであります。

ここ数年、地球規模の温暖化のせいか、三寒四温は死語となり、気象庁の予報が大きくはずれることがよくあります。また、昔と違って予報士の詳細な説明でも、うなづけないことがよくあります。

〈13〉姉の病気について

十六年くらい以前の冬のこと、姉の病気について弟さんが来宅されました。

酉月丙戌日（午未空亡）

用神——兄弟

巽木遊魂

本卦		伏神		変卦
寅兄	━━━		━━━	
子父	━ ━	（孫巳）	━ ━	
戌才	━ ━	世	━ ━	
辰才	━ ━	（官酉）	━ ━	
寅兄	━ ━		━━━	兄卯
子父	━━━	応	━━━	
山雷頤《い》　二爻変				山沢損《そん》

二爻の用神寅兄弟は、月建の剋を受け、日建に休囚しておりますが、動いて進神（寅から卯）に化しておりますので、弱いながらも、すぐにどうこうということはないでしょう。

原神子父母は月建と剋合、日建戌才の剋を受けるので、回復力は弱いと見ます。

忌神の酉官鬼は伏神しておりますので、今のところ心配はいりません。

そのように申しますと、「分かりました」。姉は子供のころから病弱でしたから、万一を心配しておりましたが、一応安心いたしました」といってお帰りになりました。

〈14〉父親の寿命について

父親の寿命についての相談が十数年前にありました。印象が強かったので、よくおぼえております。

酉月壬申日（戌亥空亡）

用神――父母

艮土

━━━ 寅官

━ ━ 子才

━ ━ 戌兄

━━━ 辰兄

━━━ 寅官　（午父母）伏神

━━━ 子才

山天大畜《たいちく》

用神の午父母は二爻に伏神し、月建に休囚、日建申に休囚して、非常に弱いのです。

原神の寅官は、月建の剋を受け、日建申の冲ですから、冲散です。これでは用神を助けることはできません。

忌神の子才は、月建と日建の生を受けており、非常に強いです。

用神の午父母を冲する子月が危ない、と思います。

のちに電話があり、やはり十二月に亡くなられたとのことでした。

〈15〉父親が危篤という

父親が危篤と医師に告げられて、奥さんと息子さんからの電話です。電話口で、交代でお二人は大声で泣き叫び、私も困りました。十数年の古いお客さんです。平成十七年二月の占です。

お聞きすると、体重も四十キロ、病名は多臓器不全とのこと。

父親は非常に気力のある方です。奥さんは腰痛で動けないので、長女、長女の夫、長男の三人が交代で二十四時間、つきっきりで看病をしたとのことです。

さて、寿命はいつまでか、ということを易に問いました。


寅月壬申日（戌亥空亡）　　　　　用神――父母

	巽木		
兄卯	━━━	━━━	
孫巳	━━━	━━━	
才未	━ ━	━━━	孫午
才辰	━━━	━━━	
兄寅	━━━	━━━	
父子	━━━	━━━	
	風天小畜《しょうちく》　四爻変	乾為天《けんいてん》	

用神子の父母は、月に休囚し、日建の生を受け、危篤にもかかわらず気力で頑張っている様子がよく出ております。

しかし、忌神の未才が動いて子の父母爻を剋しております。

幸い未才は動いて午子孫に化しております。未と午は「合《ごう》」ですから、これを「合住《ごうじゅう》」といいます。合住は、冲のときに動いて用神子父母を剋すことができますから、私は丑の日（二月二十二日）が危ない、と告げました。一日早く子《ね》の二十一日に亡くなられました。「子《ね》」から見ると「絶《ぜつ》」の日でした。

昨年（平成十六年）年初から急に体調を崩され、頬はげっそりとやせ、六十キロの体重が年末には四十キロにまで減ってしまい、歩くことも椅子に坐ることもままならないほどになってしまいました。また腰痛がひどくなっていました。

しかし、気力抜群の方でしたので、ここまで持ちこたえたのだと思います。

あとでお聞きしますと、三人で交代しながら二十四時間、それもそれぞれ仕事を持ちながらの九日間の看護でした。

その真心が通じたのと、本人の気力によって最後のお顔は安らかであったとのこと。葬儀に行きまして心よりご冥福をお祈りしました。

年　丁卯
月　壬子　長生　帝旺
日　辛巳　死
（申酉空亡）

申酉の年が空亡です。また、子水の冬月ですから、日支の巳官（つとめの星）が弱いので独立して事業をやってきました（建築）。しかも生日の辛《かのと》は非常に繊細な頭脳の持ち主ですから、住居も非常に瀟洒な家でした。惜しい方が亡くなられて大変残念です。

3　家出人占

〈16〉娘が家出をした

高三の娘が、昨日、家出をした（初めて）という。

娘　　ハ

6	②	4
5	7	9
1	③	8

寅

男友だち

娘

年	癸卯		
月	癸丑	墓	冠帯
日	乙丑	墓	

（戌亥空亡）

友人（男性）

年　辛丑

月　辛卯┐　絶　絶
　　　　　冲
日　辛酉┘　建禄

（子丑空亡）

日盤では娘さんは南に入っていて相生です。

男性は北の坎宮に入っていて相生ですが、二人の九星は対中ですから、性格は合いません。

しかし、坎宮に入っている男は、表面はやさしくて良く見えますが、性格は暗くて、はっきりしないタイプです。学校も中退が多く仕事も変りやすいのです。

また、二人の命式を見ますと、娘さんの日干乙に対して、男の日干辛は忌神ですから、性格は合いません。

また、男の命式は、月支卯と日支酉が冲ですから、この男は結婚しても奥さんとは仲よくくらせずに、離婚になる人が多いのです。

また、男性の日干（本人）辛から見て月支の卯は偏財といって妻の星です。卯は、辛が三つと酉が一つですから、妻の星は非常に弱いのです。つまり奥さん運のよくない男です。

こんな男と家出したのでは、親としては心配です。

そこで、無事かどうか、いつ帰ってくるか、どの方角にいるのか、を占いました。

戊月甲寅日（子丑空亡）

用神――子孫

			兌金	
父戊	⚊		⚋	未父
	⚊		⚊	酉兄
	⚊	応	⚊	亥孫
	⚋		⚋	午官
	⚊		⚊	辰父
	⚋	世	⚋	寅才
	天水訟		沢水困《こん》　上爻変	

四爻の亥孫が娘さんです。月建から剋を受けておりますが、日建寅才と合起しているので（旺相）無事です。

しかし、上爻の未父母が進神して動き、子孫の亥を剋しておりますので、かなり娘のことを怒っております（父母爻は親）。

方角は、日盤では南ですし、また男性の午官鬼の午は南ですから、南の方角におり、無事ですよ、と申しました。

数日して電話が警察からあり、南の沼津市の警察まで出向き、連れ帰ったとのことでした。

上爻の父母は連絡の星であり、三爻の午官鬼（警察）と爻合しているので、警察が動くことを意味しております（午と未は爻合）。

〈17〉息子が家出をした

この原稿を書いているときに、お客さんから電話が入りました。
息子が昨日から帰っていないというのです。
まず、日盤から見てゆきます。

辰	息子	ア
1	⑥	8
9	2	4
5	7	3 ハ

息子さんの星は南に入っていて離宮九紫からは剋を受けております。よい状態ではありません。

命式を見ますと、

年　丁巳
月　癸丑　養　冠帯
日　丙子　胎
（申酉空亡）

平成十七年は酉年ですから、空亡の年です。その前年の申年も空亡です。十二運は、勤めの嫌いな星（胎）があり、さらに冠帯《かんたい》という無鉄砲な星と、無責任な養《よう》があります。親もこの次男にはほとほと手を焼いてきたと思います。

さて、今どうしているのか、いつ帰ってくるのか、易を立てました。

卯月甲辰日（寅卯空亡）

用神——子孫

坤土

本卦	爻	世応	変卦
孫酉	⚋		⚋
才亥	⚋	応	⚋
兄丑	⚋		⚋
兄丑	⚋		⚋
官卯（空亡）	⚊	世	⚊
父巳	⚊		⚋ 寅官
地沢臨《りん》 初爻変			地水師《し》

用神は上爻の酉子孫です。月建の卯と冲ですから、月破《げっぱ》です。よくない状況です。しかし日建辰兄と生合です。ただ、初爻の巳父母が動いて寅官に化しており回剋の生、そして月建卯の生を受けているので、旺相しております。

その旺相している巳父母から酉子孫は剋を受けているので、悪い状況です。身動きができない、身体を拘束されていて自由のとれない状況ですよ、と母親に返事をしておきました。

その翌朝、母親から返事がありました。男の友人と女友達とシンナーを吸って警察に留置されているという連絡が入りました。明日警察に行ってきます、というのです。働こうとせずブラブラしている若者が多いのです。母親は一生懸命仕事に精を出しているのに、困ったものです。

それに加えて、夫は女を作って家を出てゆくという。それでもこの奥さんは気丈な方で毎日、仕事で頑張っております。

〈18〉妻の家出について

「妻が家出をしたので、どこに行っているのか、いつ帰ってくるか、無事かどうか見て下さい。男性と一緒らしいのです」という電話が、夏の夕方にありました。奥さんが家出をすることは珍らしいことではありません。その原因の一つに夫が奥さんを大事にしないことがあります。

卯月癸亥日（子丑空亡）
官　才

用神——才（妻）

坤土

	地天泰《たい》　初爻変		地風升《しょう》	
孫酉	━ ━	応	━ ━	
才亥	━ ━		━ ━	
兄丑	━ ━		━ ━	
兄辰	━━━	世	━━━	
官寅	━━━		━━━	
才子（空亡）	━━━		━ ━	兄丑（空亡）

二爻の寅官鬼が男性です。月建に比和し、日建の亥と生合しております。旺相です。

また、初爻の子才が動いて丑の兄弟に化して、合住しておりますが、二爻の寅官鬼を生じております。

これは奥さんの浮気です。

二爻の寅官鬼も、月建に比和、日建亥と合起して旺相ですから、奥さんの誘いに応じたようです。

ただし、日建に亥才、初爻に子才、五爻に亥才と「才」（才は女性の星です）が多いので、かなりの浮気者ですし、奥さんも「空亡」がついているので、よい奥さんではありませんし、夫に対して愛情はありません。では、ご本人はどうかといえば、世爻に兄弟《けいてい》がついておりますので、奥さんを大事にしていないのです（兄弟は才を剋すから）。

ご主人が奥さんを大事にしないと、これからも奥さんは家出を繰り返しますよ、ときつく告げて、お帰り頂きました。

〈19〉夫が家出した

もう二十年前の初冬の空っ風の強い昼すぎに、影の薄い青白い顔の女性が来宅されました。夫が家出をした、というのです。結婚してまだ二年とのことです。

私は、若いカップルが「相性を見て下さい」といって来宅されたときは、男性に対して次のことをお話します。

〈男（父）の役割〉

家族を統合し、
理念（理想）を掲げ、
文化を伝え、
社会のルールを子供に教え、
命を賭けて家族を守る。

世界に誇った日本の安全神話はもろくも崩れ去り、毎日のように殺人事件や凶悪犯罪が報道される日本では、家の柱となって男（父）が頑張らないと、一家の平和は維持できないからです。

そこで、夫がいつ帰るか、ということを占いました。

亥月己丑日（午未空亡）
才　兄

用神――官鬼

寅官鬼（夫）は、月建の生を受け、日建には休囚しています。

また、月建の亥才、初爻の子才、四爻の亥才と、才が多いのは、女性に好かれる人です。

これに対して、世爻の奥さんには、酉子孫がつき、夫の寅官鬼を剋しております。

さらに五爻には六神《りくじん》の朱雀《すじゃく》がついております。朱雀は見栄っぱりで口うるさいのです。夫が帰ってきても、奥さんが夫をやさしくしてあげないと、また家出をするでしょう（今回が四回目の家出とのことです）。

さて、夫がいつ帰ってくるか、ということですが、寅官の寅は二月ですが、私は、世爻の酉子孫を冲する、卯官鬼の三月に帰ってくる、と申しておきました。

年が明けて三月の下旬、電話があり、「やはり先生のおっしゃられたように、三月になって帰ってきました。私も心を改めて、やさしくしてあげます」とのことでした。

〈20〉家出を繰り返す娘についての相談

「娘が家出をしたので心配です。今からすぐ伺いますが、観ていただけるでしょうか。Sさんからお聞きしました……」といって、二時間以上かけて母親がやってまいりました。

日盤で娘さんの星である六白は、艮《ごん》宮に入っていて、日破《にっぱ》です。艮宮は変化の宮ですから、おちつきのない娘です。それに「日破《にっぱ》」がついているので、健康状態もよくありません。「日破」がついているので何回も家出をしております。それで母親も困っているといいます。

父親の星は六白です。艮宮に入っているので、養子型です。養子型の人は、よく働きますが、家族や子供のことは、すべて奥さんまかせです。これでは、日本が犯罪多発国家、災害列島になった現在、誰が家と家族を守ることができるでしょうか？

申

9	7	2
5	3	1
4	8	⑥

ア

ハ　娘さん

そこで娘さんはいつ帰ってくるのか、無事でいるのか、を占いました。

最近は、男と家出をする女性が多いので、母親は、そのことも心配なのです。

午月壬申日（戌亥空亡）

才　才

用神――子孫

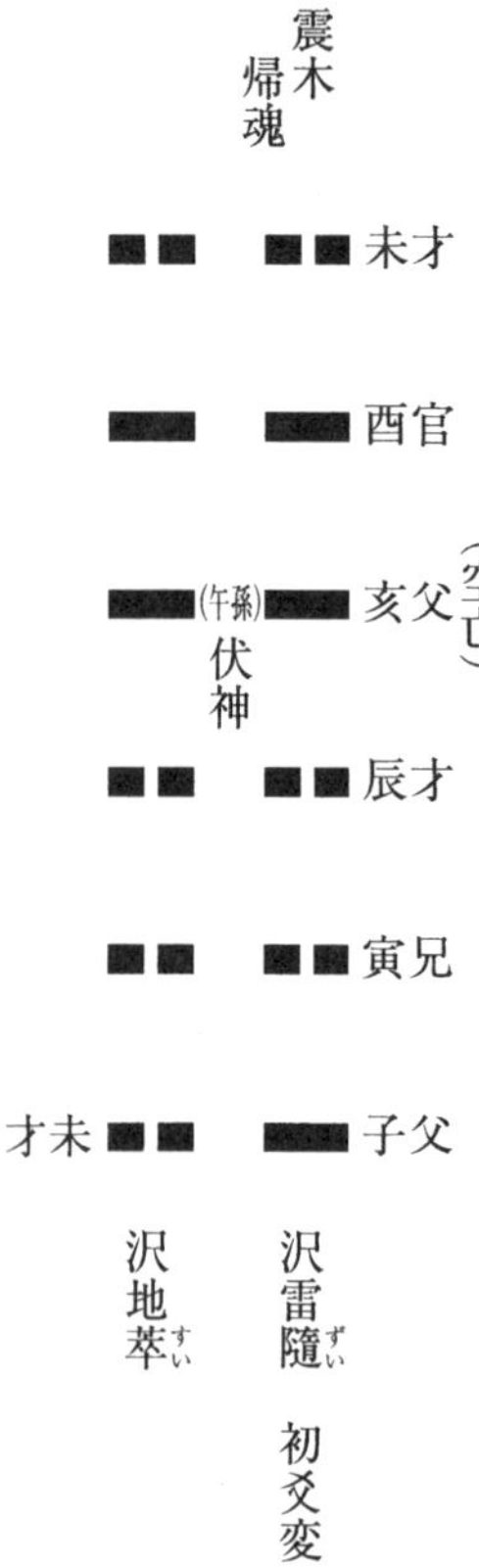

用神の午子孫は、四爻の亥父母に伏神しており、弱い（休囚）のです。

しかし、幸いなことに四爻の亥父母は空亡です。空亡の下の伏神は伏神でなくなります。

結果は、亥父母を冲する巳の日に連絡があり、次の午の日に無事に帰ってきました。

4　家の吉凶

〈21〉体調の悪いのは家の障りか？

「このごろ体調がずーっと良くないのですが、何か家の障《さわ》りがあるのでしょうか？」と初老の品の良い奥さんが、初夏の夕方来宅されました。

科学万能時代といっても、世の中には迷信は無くなりません。佛滅や大安は大手を振って、まかり通っておりますし、体調と祟り障りや、家相が気になります。何しろ狭い日本に家が密集しているのですから。

また、私の長年にわたる鑑定の結果では、湿気のある家に長く住んでいると、健康にも運勢にも悪い影響を及ぼすことが多いのです。

さて、この方の「家が障っているのでしょうか？」について易を立ててみました。

午月甲午日（辰巳空亡）
父　父

父母——用神

艮土帰魂

風山漸《ぜん》　初爻変

風火家人《かじん》

一見して分かりますが、月建午父母と日建午父母（家）から世爻申孫が剋されているので、よい家ではありません。初爻の辰兄が動いて世爻を生じておりますが、動いて回頭の剋ですから、弱くて助けにはなりません。

おそらく陽当りが悪く（午火↓世爻申金）土地の高低差からくる湿気がひどいはずです。

その方の車に乗せてもらって、家に行ってみました。やはり思った通りでした。

傾斜地の低いところに家があるのです。これでは雨が降ると、雨水が流れ込んできます。ことに、道路はほとんど舗装されておりますから。

また、狭い日本では、崖のそばとか、水はけの悪い土地に建てられた家が多いのです。さらに、地名も問題です。沢とか、窪とか、谷とか、津とか、浦のつく土地は湿気が多いので、要注意です。

結論として、湿気を防ぐ方法をお教えして家に戻りましたが、数年経って電話が入り、やっと健康を取り戻したということでした。

〈22〉引っ越しの方角の祟りか体調がよくない

家相が悪いのか、方災（引っ越してきたときの方角）のせいでしょうか、体調がずーっと良くありません――という相談が、初夏の昼にありました。初夏にしては寒い一日でした。

引っ越しの方角が仮りに悪くても、全く影響を受けない人もいれば、大きな打撃を受ける人もおります。また、病人がいる場合は、建築や引っ越しは延期したほうがよいと思います。

まず、家相が悪いのか、を占的にして易を立ててみました。

巳月癸卯日（辰巳空亡）
官　才

用神――父母

兌金

地山謙《けん》　上爻変			艮為山《ざん》	
酉兄	▅ ▅		▅▅▅	寅才
亥孫	▅ ▅	世	▅ ▅	
丑父	▅ ▅		▅ ▅	
申兄	▅▅▅		▅▅▅	
午官	▅ ▅	応	▅ ▅	
辰父（空亡）	▅ ▅		▅ ▅	

まず、世爻亥子孫は、月破、日に休囚して弱いです。

子孫の原神酉兄は、月建の剋、日の冲ですから、冲散して非常に弱いです。

用神の父母は二つ出ており、初爻の辰父母は、月建の生を受けますが、日建卯才の剋を受けるので、よい家ではありません。四爻の丑父母も弱いです。結論として、よい家ではありません。

では方災はどうか？　を占って、升《しょう》の初爻変を得ました。

巳月癸卯日（辰巳空亡）

用神――世爻と応爻

震木

	地風升《しょう》　初爻変		地天泰《たい》
酉官	■■		■■
亥父	■■		■■
丑才	■■	世	■■
酉官	▬▬		▬▬
亥父	▬▬		▬▬
丑才	■■	応	▬▬

世爻丑才は、月建巳の生を受けるが、日建兄弟の剋を受けます。

応爻丑才も、月建巳の生を受けるが、日建卯才の剋を受けます。

引っ越しの方角がよくなかったのです。やはり暗剣殺の方角に引っ越したとのことでした。

私は、近くの神社の神主さんに頼んで「方除《ほうよ》け」のお祓いをして下さい、と申しました。

〈23〉家を新築してから健康がすぐれない

平成十六年の夏の暑い日に、家相の相談がありました。家を新築してから、子供の健康がすぐれないといいます。

長男

S4年　己巳 ┐
月　乙亥 ┘冲（空亡）　沐浴　死　天徳貴人
日　辛未　衰
（戌亥空亡）

辛《かのと》の日に生れた人は、感受性が強いので、神経過敏症になり易いのです。こういう人は子供のころから古典的な音楽を習わせるとか、武道の稽古をさせるとか、とにかく元気よく育てる必要があります。そうしないと、ストレスがたまってそれが病気の原因になることが、よくあるのです。

申月甲戌日（申酉空亡）
孫　兄

坤土
帰魂

	水地比《ひ》		水雷屯《ちゅん》	
才子	▅▅ ▅▅	応	▅▅ ▅▅	
兄戌	▅▅▅▅▅		▅▅▅▅▅	
孫申（空亡）	▅▅ ▅▅		▅▅ ▅▅	（騰蛇）
官卯	▅▅ ▅▅	世	▅▅ ▅▅	
父巳	▅▅ ▅▅		▅▅ ▅▅	
兄未	▅▅ ▅▅		▅▅▅▅▅	子才

水地比《ひ》　初爻変
水雷屯《ちゅん》

用神――子孫
　　　　父母

用神の申子孫は、月建と同じ支（月併《げっぺい》）ですから旺相し、かつ日建の戌兄弟から生じられて旺相しております。ただし、申子孫は空亡です。元気がないのです。さらに騰蛇《とうだ》がついておりますので、気難しい人です。友人もいないのでしょう。二爻の巳父母は、月建と剋合しておりますが、日建戌兄弟に入墓して休囚です。用神申子孫を剋す力はありません。

息子さんの体調のよくないのは、家相のせいではなく、本人の性格と生活習慣からくるものです。生き甲斐を見つけるとか、よい趣味をもつとか、よい友人が必要です。

大相撲を見ても、日本人に比べたら貧乏な国の力士のほうが頑張っております。

〈24〉家を新築してから家の中のゴタゴタが絶えない

「家を新築してから、家の中のゴタゴタが絶えないのです」と平成十六年の猛暑の朝（この年の夏は大変な暑さの連続）、中年の奥さんが来宅されました。

奥さん

	2	7	⑨
卯	1	③	5
夫	⑥	8	4

三碧は別の女性

奥さんの星九紫と夫の星六白が対中《たいちゅう》になっておりますので、一つは性格が合わないのです。

坤宮の奥さんは、しっかり家を守っており、よい奥さんですが、何事もきちんとしていないと気がすまないのです。

ご主人は、艮宮という「養子型」の宮に入っているので、家のこと、奥さんのこと、子供のことには知らん顔のタイプです。これではケンカは絶えません。

そこで、これからの夫婦関係と家相について、

未月乙卯日（子丑空亡）
孫　父

用神――父母

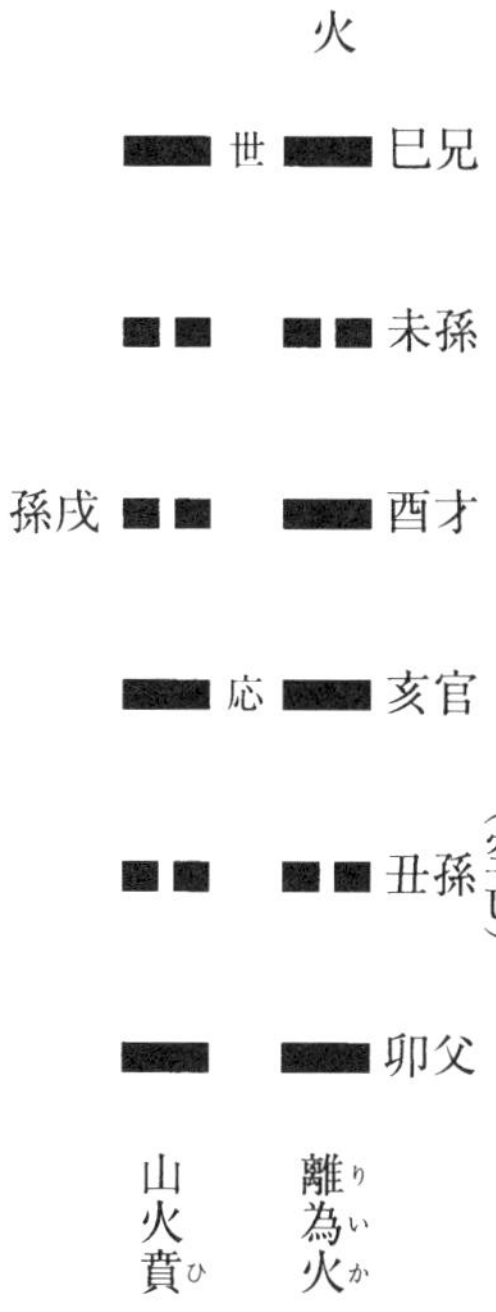

まず、用神の卯父母は、月建に休囚しておりますが、日建と比和して旺相し、よい家です。

しかも、世爻（奥さん）の巳兄を生じているので、家相や新築のせいではありません。

ご主人の亥官鬼は、月建未土から剋されており、日建からは休囚しております。

世爻の巳と亥は冲で、元々、性格が合わないのです。

それで、いいかげんな夫に女性が出てきてケンカがひどくなったのです。

養子型の男性は、奥さんに迷惑をかけることが多いのです。

さて酉才（別の女性）は、月建の生を受け、日建の冲を受けて、冲動して夫の星亥官を生じております。かつ動いて回頭の生になるので、かなり積極的な女性です。

さて、どうしたらよいでしょうか？

私は、奇門遁甲を使って、夫と女性との縁切りの「杭」を打ってもらうことにしました。

〈25〉地相と交通事故について

これは地相がよくない占例です。

春とはいえ、余寒の厳しい三月の中旬、やつれた顔の三十を少し過ぎたばかりの男性が来宅されました。しょっ中、車の事故を起す、というのです。今も事故を起し、警察からの帰り道です、といいます。

年　壬寅 ┐
　　　　　冲
月　戊申 ┘┐　帝旺　病　空亡
　　　　　合
日　辛巳 　┘　死　天徳貴人

（申酉空亡）

命式に「冲」と合があります。集中力のない人です。落ち着きのない人です。

ただ、天徳貴人という事故を避ける吉星があるので、たいしたケガはしなくてすんでおるのです。

「空亡」も、注意力の不足を示しております。

すると、図面を出して家相を見て下さいと申します。

釣り堀が三つ並んでおります。そして釣堀の下方に家が建っております。

お客さんの事故の多いのは、一つは、自分の性格と、もう一つは、釣堀の下方、しかも傾斜地のため、雨が降ると多量の水が流れてきて、家に湿気がたまるのです。

今の家は解体するか、上に引っ張ってゆき、釣堀の上に移動して下さい。湿気と注意力の不足が原因です――そう申し上げ、また、移動の吉日（年月日）をお教えしました。

数ヶ月して電話があり、家を移動してからは、事故が無くなったとのことでした。

〈26〉娘さんの自殺と地相の関係

私が今の所に移って早くも三十数年の月日が流れました。その頃は道路も砂利道で、東京都と埼玉県の境界ははっきりしていて、舗装してあるところは東京で、していないところは所沢市、とはっきりしておりました。

しかし、一帯が林で、家も少なく、冬になると北風が吹き荒れて、家内の水道が凍ることが毎日ありました。

その代り、空気もきれいで、空も満天の星でした。天の川まで見えました。それがここ二十年ですっかり変り、細い露地までも舗装されて、林も九十%は無くなってしまいました。

もう十数年前になりますが、車で三十分ほどの人から電話があり、訪ねてみました。

向かいにある団地との間の道は舗装されているので、大雨が降ると、雨水が滝となって家の下に流れ込んできます。また、家のすぐうしろが小さい川ですが、大雨が降ると溢れて、浸水します。つまり団地からの雨と、川の浸水が交互にやってくるというのです。

問題は、結婚を間近にした独り娘が、突如自殺をはかり死亡したといいます。何の理由も分らない、と両親は申します。そこで即刻、吉方へ引っ越すべきです、と進言しましたが、どうしてもここに永住したいと申します。

私は、床下を全面的に舗装して下さい、そして団地から流れてくる水を、側溝を作って川へ流して下さい、と申して帰宅しました。

その後、市では川の底を深く掘り下げ、溢水は無くなりましたので、ご両親は今でも元気にくらしております。

〈27〉鬼門と運勢

鬼門は迷信でしょうか？　運勢が悪いときとWパンチになると要注意です。

玄関や、トイレが鬼門の家は、一寸街を歩けば、いくらでも見つかります。しかし、みんな運勢は同じではありません。人間の運命は「複雑多元方程式」であり、単純なものではありません。何年生れだとか、何座などという迷信に惑わされてはいけません。

ただ、鬼門だとか、暗剣殺に引っ越しましたね、といわれると、心理的な影響のあることは否定できません。そんな占例の一つです。

十五年ほど前になりますが、群馬県某市の方から電話がありましたので、早速、訪ねてみました。

成人式を間近にひかえて、独り娘が急逝したといいます。

方位磁石で測ると、門と玄関が鬼門です。その娘さんは二級建築士でした。鬼門など全く信用せずに、家の図面を作りました。ご両親がビックリして娘さんにいっても、それは迷信だといって聞く耳をもちません。そこで親戚の方に神主さんがいるので、相談をして、説得をしてもらいましたが、全然聞き入れてもらえず、着工して出来上りました。

自分で設計の手直しはいくらでもできるのに、みんなの反対を押し切ってしまった「心理的負担」つまりストレスがたまったのでしょうか、家が出来上って数日後、突然倒れてしまいました。口が聞けなくなり、応答もできないといいます。

皆の反対を押し切っての着工が影響したのだと思いますが、みなさんは門と玄関が鬼門のせいだといいます。

それはとにかく、成人式に着る和服が飾られておりまして、ましで独り娘ですから、母親の無念さは計りしれません。

〈28〉湿気と少年の運勢

私がここ所沢へ引っ越してから平成十七年で三十年になりますが、同じ建築屋が八軒の家を建てました。その中の一軒が、十三坪の宅地の南に小さい池を掘って、金魚を飼い始めました。当然のことながら「湿気」を呼びます。そのせいか、小学四年生の独り息子が、学校はさぼるし、おまけに奇行が目立つようになりました。

数年後、その息子のために茨城県の北に五百坪の土地を買いました。当時は交通不便なところでしたが、戦前は風光明媚な所なので、画家や文士が多く住んでいたとのことです。

さて、そこへ引っ越してからその子供は非常に活発になり、体育も学業も優秀になり、級長になったそうです。

この方たちが引っ越したあと、その家に行ってみました。案の定、一階はもちろんのこと、二階までが湿気がひどく、嗅いのです。ことにフスマがひどくて、手でさわると、たちまち破れてしまい、ぐっしょりと濡れているのです。

引っ越し先から東京の中央までは、当時は通勤には大変不便でしたが、子供のために決断をしたご両親はご立派だと思い、今でもこのことは鮮明におぼえております。湿気は大敵です。

湿気は、健康だけでなく、運勢にも大きく影響を及ぼしますから、呉々も家を求めるときには注意が必要です。

5　婚姻占

〈29〉家の中がゴタゴタしている

「数年前に結婚しましたが、しょっ中、家の中がゴタゴタしているのです。どうしたらよいのか、教えて下さい」と、都内と千葉県との境に住む若奥さんが来宅されました。

日盤では、

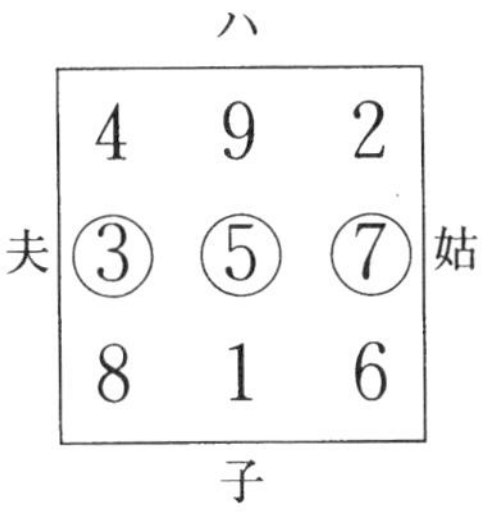

夫の三碧が震宮（長男の宮）に入り、姑さんが兌宮に入っておりますので、対中です。兌宮の姑さんは、神経が細くて何事にも口を出すタイプです。息子は震宮に入っておりますので、自分勝手で、口うるさい姑と奥さんの間をうまく取りもつことはできません。それで奥さんは中宮に入って、ガマンをしているのです。

そこで一家の成り行きについて、易を立てました。

卯月壬子日（寅卯空亡）

	水沢節《せつ》		坎《かん》為水（水）	
子兄	▅▅ ▅▅		▅▅ ▅▅	
戌官	▅▅▅▅▅		▅▅▅▅▅	
申父	▅▅ ▅▅	応	▅▅ ▅▅	
丑官	▅▅ ▅▅		▅▅ ▅▅	
卯孫（空亡）	▅▅▅▅▅		▅▅▅▅▅	
○巳才	▅▅▅▅▅	世	▅▅ ▅▅	寅孫（空亡）

水沢節《せつ》　初爻変

坎《かん》為水

用神
世――奥さん
官鬼――夫
父母――姑

姑さんの星申父母は、月建と日建に休囚しておりますので、おとなしくなります。

夫の星の官鬼は二つ出ておりますが、内卦の丑宮を用神にとります。丑官鬼は、月建の剋を受けておりますが、日建の子と合起しております。

奥さんの星巳才は、月建の生を受けておりますが、動いて寅孫の生を受けて旺相しております。しかし、寅孫は空亡です。つまり巳才は動いて空亡（落空）になるので、家出をする可能性があります。奥さんは大きくうなづきます。いつ別れたらよろしいでしょうか？　といいます。

「巳は五月です。もしくは巳と「合」の八月です」と申しますと、「分かりました、準備もいろいろありますので、八月にいたします……」といって帰られました。

幸いなことに、実家がしっかりしており、いつ帰ってきてもいいよ、といっておるそうです。

〈30〉独り息子の縁談

昨年の夏、息子さんの縁談について相談がありました。猛暑の続く夕方です。

	3	8	1
息子	②	4	6
	7	⑨	5
		女性	

坎宮の女性は一応、良い女性と見ます。

息子さん

S28年　癸巳
　　　　　金局半会（年・月）
月　辛酉　建禄　建禄　空亡
　　　　　金局半会（月・日）
日　辛巳　死
（申酉空亡）

女性

年　乙未
　　　　　木局三合半会（年・月）
月　己卯　死　病
日　壬申　長生　天徳貴人
（戌亥空亡）

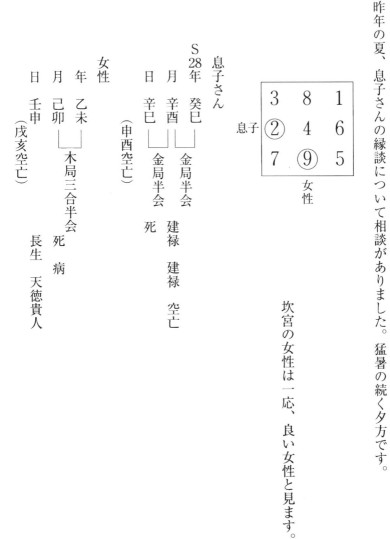

まず、息子さんの星は震宮に入っているので、不安定、かつ自分勝手な人です。月支が空亡してますので、離婚歴があります。昨年で五十一歳です。

辛《かのと》の日に生れた人は、感受性が強いのです。その上、年支、月支、日支が金局半会ですし、月干も辛ですから、かなりむづかしい性格の人です、息子さんは。

そこで結婚の可否を占いました。

未月丁亥日（午未空亡）

才　父

震木

	本卦		之卦	
戌才	▅▅ ▅▅		▅▅ ▅▅	
申官	▅▅ ▅▅		▅▅ ▅▅	
午孫	▅▅▅▅▅	応	▅▅▅▅▅	
卯兄（空亡）	▅▅ ▅▅		▅▅ ▅▅	
巳孫	▅▅ ▅▅		▅▅▅▅▅	才辰
未才（空亡）	▅▅ ▅▅	世	▅▅ ▅▅	

子孫——息子

才——女性

雷地予　二爻変

雷水解《かい》

息子さんの星巳孫は、月建には休囚し、日建亥父母から冲されており、余り乗り気ではないようです。親にいわれて仕方なく見合いをしたのでしょう。

才も二つ出ておりますが、空亡していますし、戌才も月建には比和しており、日建からは休囚しております。

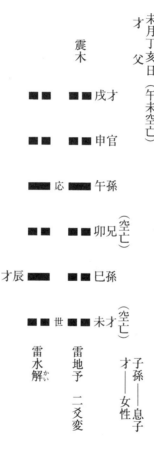

二人とも乗り気ではありません。

私は、息子さんに来るようにいいました。夕方来宅されたので、易を立てました。

いつ結婚できるか？

未月丁亥日（午未空亡）

震木

	本卦		変卦	
戌才	■■ ■■		■■ ■■	
申官	■■ ■■	応	■■ ■■	
午孫（空亡）	■■■■		■■■■	
○午孫（空亡）	■■ ■■		■■■■	官酉
辰才	■■■■	世	■■■■	
寅兄	■■ ■■		■■ ■■	
	雷水解《かい》 三爻変		雷風恒《こう》	

用神
世——息子さん
才——女性

まず、世爻に辰才がついているのは、本人が男性的ではありません。

原神午孫も空亡しております。

上爻の戌才も月建に比和しておりますが、日建には休囚しており、息子さん本人の結婚の意志が弱いことを示しております。

来年の戌《いぬ》どしが結婚のチャンスですから、意志を強くもって下さい、と息子さんに申し上げましたが、何とも頼りにならない人です。はきはきした返事は返ってきませんでした。

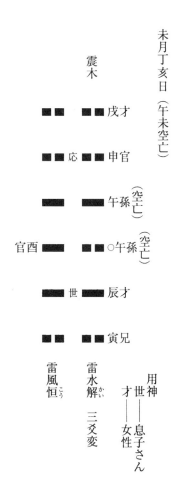

〈31〉結婚運の弱い男性

私のかなり前からのお客さんです。人間性もよく、親切で、仕事も熱心な人ですが、結婚が非常におくれていて、平成十七年現在で満四十一歳になりました。

ハ
ア、

①	6	8
9	2	4
5	7	3

丑

日盤では、まだ二、三年先です。巽宮は三の数字ですから。

年　癸卯
月　戊午　刑　帝旺　帝旺　空亡
日　戊子　胎
（午未空亡）

（月・日　冲／年・日　刑）

十二運は、胎、帝旺、帝旺で仕事運はよいのですが、月支午が空亡しているのと、日支の子《ね》が、日干戊からみると正財で女性、妻の星ですが、月支午と冲になっておりますので、結婚運が弱いのです。では、いつ結婚できるのか、占ってみました。

卯月癸丑日（寅卯空亡）

火

本卦	六親		変卦
━━━	巳兄		━━━
━ ━	未孫		━ ━
━━━	酉才	応	━━━
━━━	申才		━━━
━ ━	午兄		━ ━
━ ━	辰孫	世	━━━

用神　世爻　才

火山旅《りょ》　初爻変

離《り》為《い》火《か》

応爻に酉才があり、月建に破で、日建に入墓しております。今つき合っている女性は、結婚に対して前向きではありません。また、三爻の申才は、月建に休囚して、日建に入墓しているので、この女性も前向きではありません。この方の強い希望で、結婚運をよくするため、奇門遁甲の杭打ちを、秋に行うこととしております。

〈32〉奥さん運の良くない男性

奥さん運の良くない私の後輩のたのみで占ってみました。

世爻に戌才がついていて、動いて酉官に変っております。男に才がつくのは、女性的でやさしい性格の人です。三爻の辰才は、月建の剋を受け、日建に比和しておりますが、空亡しております。

卯月壬辛丑日（辰巳空亡）
才

巽木
遊魂

	山地剥		火地晋《しん》	
兄寅	▅▅▅		▅▅▅	
父子	▅ ▅		▅ ▅	
才戌	▅ ▅	世	▅▅▅	官酉
（空亡）才辰	▅ ▅		▅ ▅	
兄寅	▅ ▅		▅ ▅	
父子	▅ ▅	応	▅ ▅	

用神
本人――世
奥さん――才

山地剥　四爻変
火地晋《しん》

年　乙未　養　正官空亡
月　癸未　養　墓　正官空亡
日　壬辰　墓
（午未空亡）

正官は男にとっては、仕事の星です。仕事の星が空亡というのは、働いてもムダに終ることを意味します。

この男性は、他人の仕事の代りまでして、よく働いてきたのですが、問題は、奥さんが実弟のために判コを押して、数千万円の借金を背負ってしまったのです。それも夫に内緒で判コを押してしまいました。しかし、心根のやさしい彼は、奥さんに文句もいわずに、その借金を返すために、以前にもまして馬車馬のごとく働いております。

〈33〉合性がよいといわれて結婚したがケンカの毎日

奥さん
年　庚寅　　　　冠帯　墓　天徳貴人
月［丙戌］合
日［辛卯］　　絶
（午未空亡）

夫
年　庚寅
月　庚辰　冠帯　養　空亡
日　丙申　病

同じ年の男女・夫婦の合性は、よい場合と悪い場合があります。夫の命式には「養《よう》」という十二運があります。これは奥さんに迷惑をかける星です。さらに月支辰が空亡です。これも、夫婦縁の悪い星です。奥さんの話では、ギャンブル狂ですから、ますますいけません。

今朝もテレビニュースで、生れてまだ八ヶ月の幼児を含めて、五人の子供を置き去りにして、父はパチンコ、母は買物に出かけ、火事で五人の子供が全員死亡したといいます。

このような事故は度々報道されているのに、無神経というか、無責任な親がふえてきました。これも戦後教育のツケがまわってきたせいと思います。

二人

⑤	1	3
4	6	8
9	2	7

ア

日盤では、巽宮に入っております。巽宮の男、夫は非家庭的な人が多いのです。

すぐ別れます、といって奥さんは帰られましたが、割り合いサッパリした表情でした。

〈34〉女性から、いつ結婚できますか？

二十七歳の女性からの依頼で、いつ結婚できるのか、を占いました。

午月壬午日（申酉空亡）

孫　孫

巽木

本卦		世応		変卦
巳孫	━━━		━━━	
未才	━ ━	世	━ ━	
○酉官（空亡）	━━━		━ ━	戌才
辰才	━ ━		━ ━	
寅兄	━ ━	応	━ ━	
子父	━━━		━━━	

用神　世爻——本人
　　　官鬼——男性

火雷噬嗑《ぜい》　四爻変

山雷頤

本人の星である世爻に未才がついて、月建の生を受け、また日建の午と合起して旺相ですから、結婚に対して積極的です。

しかし、四爻の酉官鬼（男性の星）は、月建と日建から剋されており、かつ、空亡しておりますので、今つき合っている男性と結婚をしても、幸福にはなれません。

それと、酉宮と三爻の辰才が「爻合《こうごう》」しており、その女性とかなり深い関係です。

その男性とは結婚できませんし、よい縁ではありません。

午

8	4	6
7	9	2
3	5	①

女性本人

ハ

日盤では、乾宮に入っておりますので、しっかりした女性です。

乾宮の数字は「4」ですから、結婚は四年前後になるでしょう、と申しておきました。

結婚は早い人もあり、遅い人もおりますが、早いからといって、よいとは限りません。

6　妊娠占

〈35〉独り娘とその夫の合性と、いつ赤ちゃんが生まれるか

独り娘と、その母親が来宅されました。夏の盛りの夕方のことです。

3	8	1
2	④	6
7	⑨	5

夫

中宮が娘さんです。

娘さんの夫は、坎宮に入っておりますので、一見して良く見える人ですが……その性格が暗く、仕事も不安定です。

娘さん

年	己酉			
月	己巳	死	帝旺	空亡
日	辛丑	養		

（辰巳空亡）

娘さんは、十二運の「養」があります。夫運がよくありません。月支巳も空亡しておりますが、巳酉丑で金局三合しておりますので、救いがあります。

娘の夫
年　甲辰
月　丙寅　胎　長生
日　辛卯　絶
（午未空亡）

寅月の生れで、年午甲と日支卯がありますので、強木です。日干辛からみると、財に当ります。しかし、自分（辛）を助ける星は辰父母一つで、しかも寅木に剋されて休囚しており、弱いのです。

財が強くて日干の弱いのを「財多身弱《ざいたみじゃく》」といって、弱い性格であり、家の柱にはなりません。

そこで占的の、妊娠しているかどうか、を占いました。

次いでに合性も見て下さい、と母親は不安そうな顔で申します。

午月戊午日（子丑空亡）
孫　孫

用神――子孫

震木
帰魂

	沢雷随《たくらいずい》　二爻変		兌為沢《だいたく》	
未才	━ ━	応	━ ━	
酉官	━━━		━━━	
亥父	━━━		━━━	（午孫）伏神
辰才	━ ━	世	━ ━	
寅兄	━ ━		━━━	
子父（亡）	━━━		━━━	

用神午子孫は四爻に伏神しておりますが、月建と日建が子孫ですから、妊娠であることは間違いありません。冲する子月（十二月）に元気で生れると思います。

世爻の娘さんに辰才がつき、月建と日建から生じられているので、娘さんの体も心配はありません。

子孫の忌神である子父母も、空亡であり、かつ月建の冲（月破）と、日建の冲を受けて冲散しておりますので、全く心配いりません。

（注）用神からみると
用神を生じるのが原神

用神を剋すのが忌神
忌神を生じるのが仇神、です。

〈36〉生れてくる赤ちゃんの性別

今度生れてくる子供は、男児か女児か、というお客さんが、二十年以上も前に来宅されました。今は病院ですぐ分りますが、男の子だけに片寄ったり、女児だけに片寄って生れることがよくありますので、それで男女の性別を占ってもらうために来宅される方がおります。

この方も、その一例です。

亥月乙巳日（寅卯空亡）
孫　官

用神——子孫

兌金

	地山謙《けん》　上爻変	艮為山《ごんいざん》
酉兄	■ ■	■■■
亥孫	■ ■	■ ■
丑父	■ ■	■ ■
申兄	■■■	■■■
午官	■ ■	■ ■
辰父	■ ■	■ ■

男児か女児かの判別の方法は、月建と日建と子孫爻の十二支の陰陽によるのです。陽が強ければ男児、陰が強ければ女児であります。

子—陽、男
丑—陰、女
寅—陽、男
卯—陰、女
辰—陽、男
巳—陰、女
午—陽、男
未—陰、女
申—陽、男
酉—陰、女
戌—陽、男
亥—陰、女

さて、月建の亥と日建の巳は、ともに陰です。五爻の亥子孫も亥爻です。したがって、今度生れてくる子供は、女児であります。

二人の子供が男児で、どうしても今度は女児がほしいと思っていても、叶えられる場合と、叶えられないお客さんもありました。

〈37〉不倫の末に妊娠

これも女性から妊娠かどうかという相談ですが、前の例と違うのは「不倫」なんです。

巳月丙寅日（戌亥空亡）

孫　兄

巽木

用神——子孫

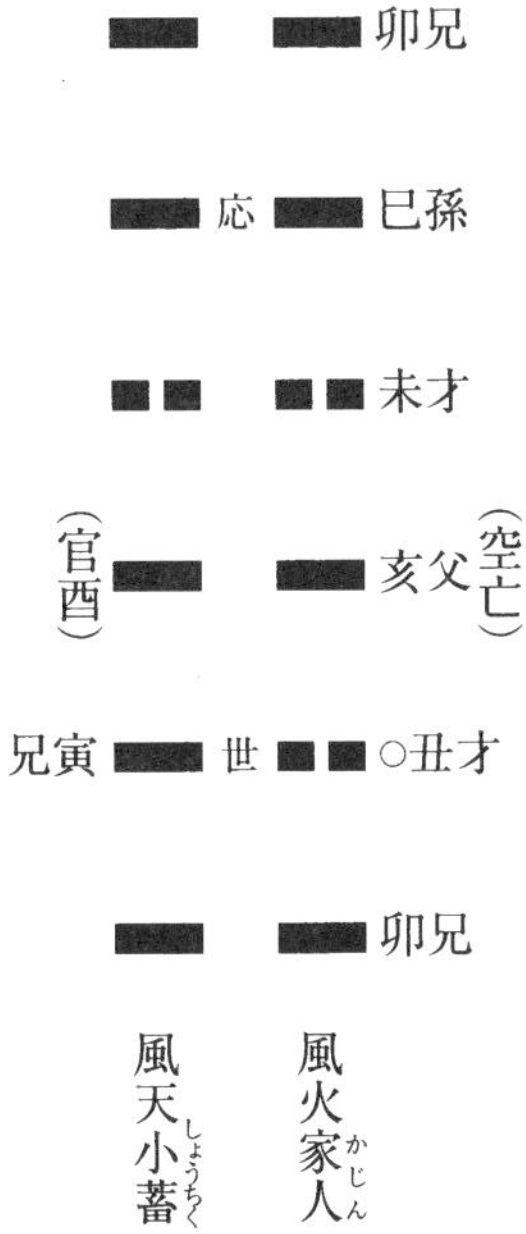

用神は、五爻の巳子孫です。月建は巳ですから、月併《げっぺい》といい、また、日建寅兄から生じられているので、旺相（強い）です。これは妊娠です。

しかし、世爻（女性本人）の丑才は、月建からは生じられておりますが、日建の剋を受け、かつ、世爻は動いて寅兄弟に化し、剋を受けております。動いて化爻から剋を受けるのは「回頭《かいとう》の剋《こく》」といい、世爻は非常に弱くなります。体調がよくないので、赤ちゃんを生むと、生命の危険があるかもしれません。

生んでいいかどうかは、必ず医師に相談して下さい、と強く申しました。

ところで、相手の男性の星（官鬼）は、三爻に伏神しており、かつ月建の剋、日建に絶で非常に弱い、つまり無責任な男です。

三爻には、六神の「螣蛇《とうだ》」という、優柔不断の星がついており、どうしていいのか、決断できないのです。どうしてこんな男とつき合ったのか、と思っても、すでに遅く、体調に気をつけて赤ちゃんを生んで、ご主人とも、男性とも別れて、赤ちゃんを育てることにします、といって帰ってゆかれました。

〈38〉なかなか赤ちゃんに恵まれないご夫婦

ある年の初夏、結婚して十数年の女性が来宅されました。妊娠かどうかみて下さい、といいます。長寿社会の現在、年をとってから夫婦二人だけの生活は、味気ないものです。

そこで易を立てました。

巳月庚辰日（申酉空亡）
父　兄

用神——子孫

坤土

兄戌	▅▅ ▅▅		▅▅ ▅▅	
孫申（空亡）	▅▅ ▅▅		▅▅▅▅	酉孫
父午	▅▅▅▅	世	▅▅▅▅	
兄辰	▅▅▅▅		▅▅▅▅	
官寅	▅▅▅▅		▅▅▅▅	
才子	▅▅▅▅	応	▅▅▅▅	

雷天大壮《たいそう》　五爻変
沢天夬《かい》

用神は五爻の申子孫です。月建巳と剋合。日建の生を受け、動いては進神《しんじん》です（申から酉と、時計まわりに動くのを進神といい、旺相（強い）しております）。

これは明らかに妊娠です。すぐに病院にいって下さい。

空亡が気になりますが、旺相して動いているのと、申月（八月）には実空（空亡が終ります）には心配が無くなります。

奥さんは大変喜んでお帰りになられました。また、私も、ホッといたしました。

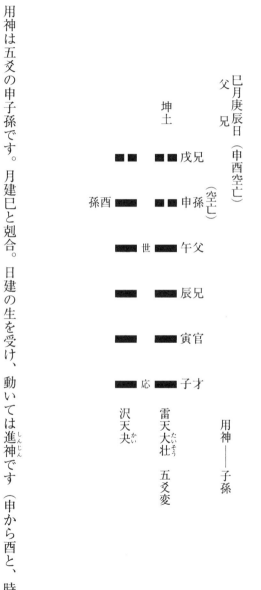

〈39〉ある男性と結婚して子供が生れるか

ある男性と結婚して、子供が生れますか？　と、独り娘とその母親が、ある年の夏の終りに来宅されました。

娘さん

年	癸巳	空亡		
月	壬戌	衰	冠帯	
日	庚子	死		
	（辰巳空亡）			

女性から見ると、食神、傷官が子供の星です。日干庚（金）からは壬と癸と子が子供の星です。生れる可能性は十分あります。

男性

年	丙子		
月	辛丑	衰	養
日	乙丑	衰	
	（寅卯空亡）		

男性から見ると、日干を剋す星が子供です。この命式では、月干辛（金剋木）が子供の星ですが、日干乙木は、辛金を嫌うのです。

娘さん

巳

男性	⑨	5	7
	8	1	3
	4	6	② 八

娘さんと男性の星は対中ですから、娘さんが少し性格を抑えないとケンカになります（娘さんは、うなづく）。

申月丁巳日（子丑空亡）

用神——子孫

用神は五爻の申子孫です。月破と同じ十二支申ですから、月併で旺相し、日建巳と合起しておりますから、子供は授かります。

ただし、娘さんの星は乾宮に入り、日破です。当分の間健康に気をつけて下さい、と申しておきました。

なお、この男性は巽宮に入っているので、人柄はよいのですが、仕事人間で家庭はおろそかになり易いので、この点は要注意であります。

7　紛失・失せ物占

〈40〉会社の重要書類が見つからない

市内の五十歳の男性からの電話で、「二週間前にはあった、会社の重要書類が見つからない。分厚いファイルしたものです」といいます。

		ア		
	⑧	4	6	
ハ	7	9	2	西
	3	5	1	

お客さんの星八白は巽宮に入っております。

念のため断易を立てました。

午月癸酉日（戌亥空亡）
父　　孫

坤土

酉孫	⚋		⚋
亥才	⚋	応	⚋
丑兄	⚋		⚊ 父午
丑兄	⚋		⚋
卯官	⚊	世	⚊
巳父	⚊		⚊

用神――父母

地沢臨《りん》　四爻変

雷沢帰妹《きまい》

用神の巳父母は初爻にあります。ところが、四爻の丑兄弟（同僚）が動かして、高いところにある、と見ました。化爻の午父母は高いところです。

方角は、南から東南を探してみて下さい、と申しました。

巳も午も南ですが、原神の卯は東ですから、東南と見ました。

翌朝、電話があり、先生、東南の書庫の上にありました。しかし、私は動かしたおぼえは全くないのですが……でも、当ったのでビックリしました。何かありましたらまた宜しくお願いします、とお礼をいわれました。

失物占は、むづかしいものです。

〈41〉家の権利書が見つからない

家を売り、引っ越しをしたい、と思って権利書を探しているのですが……と冬の初め、木枯の吹く朝を奥さんが来宅されました。

早速、易を立てました。

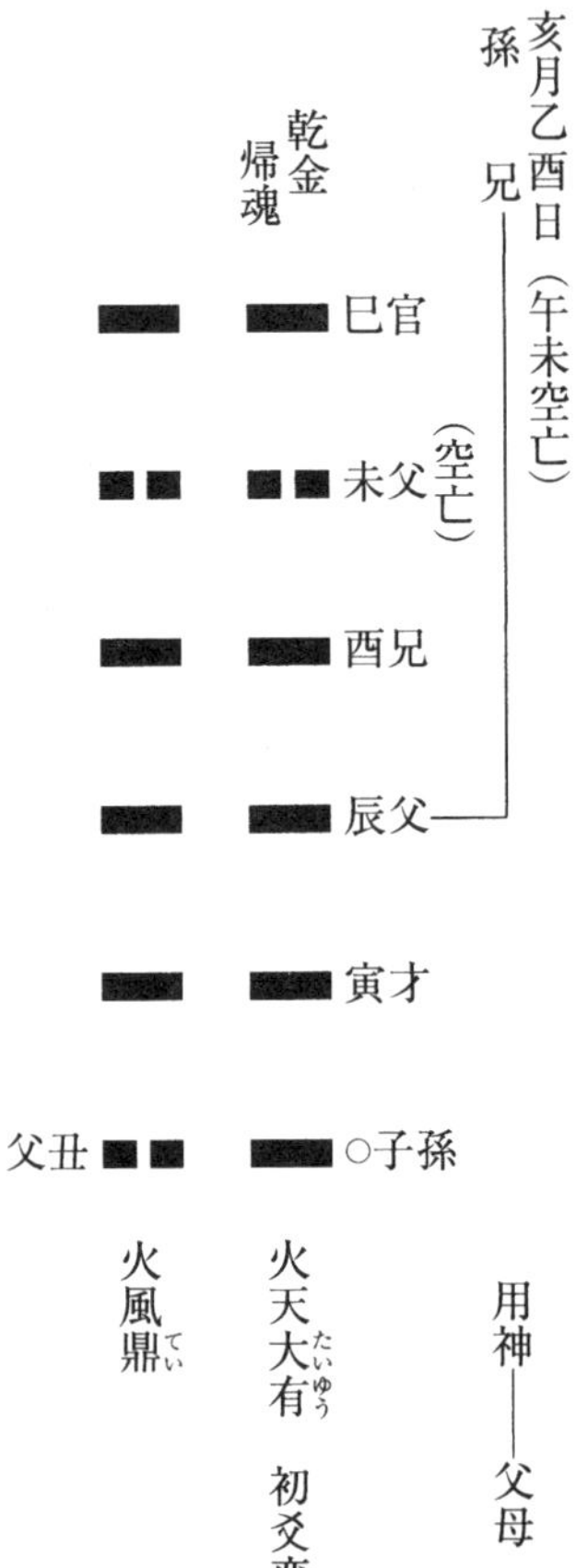

用神は、三爻の辰父母と、五爻の未父母の二つが出ておりますが、日建酉と合起している三爻の辰父母を用神にとります。

原《げん》神は上爻の巳官・月の冲を受けて月破です。弱いのです。

忌神《きじん》の寅才は月建の生を受けておりますが、日建酉から弱されていて、弱いとみます。

用神辰父母は、月建からは休囚して弱いですが、日建と合起して旺相しております。合起ですから、初め置いた場所から動いたものと思われます。方角は、用神辰の方角です。

翌日の朝早く電話があり、「やはり辰の方角にありました。ここへ移って二十年以上経つと、忘れてしまいますが、ありがとうございました」と、お礼をいわれました。

数日して、引越しの方角について相談にまいりました。

〈42〉手紙の紛失

すぐ換金できる手形を紛失しました、といって春うららかな日の昼前に来宅されました。数百万円の手形とのことです。春に物を紛失することが多いようです。早速、易を立てました。

辰月丁巳日（子丑空亡）　　用神――才

	天火同人　五爻変（火帰魂）	離為火	
戌孫	▅▅▅	▅▅▅	
申才	▅▅▅	▅ ▅	孫未
午兄	▅▅▅	▅▅▅	
亥官	▅▅▅	▅▅▅	
丑孫	▅ ▅	▅ ▅	
卯父	▅▅▅	▅▅▅	

用神は五爻の申才です。月建の生、日建の剋合ですが、動いて進神に化しておりますので必ず見つかります。

方角は申の方角でしょう。夕方電話があり、見つかったとのことでした。

〈43〉高級指輪を紛失

「高級指輪を紛失しました。彼女に上げようと買った帰りです。数日後に彼女と会う約束をしているのです。困りました」といいます。

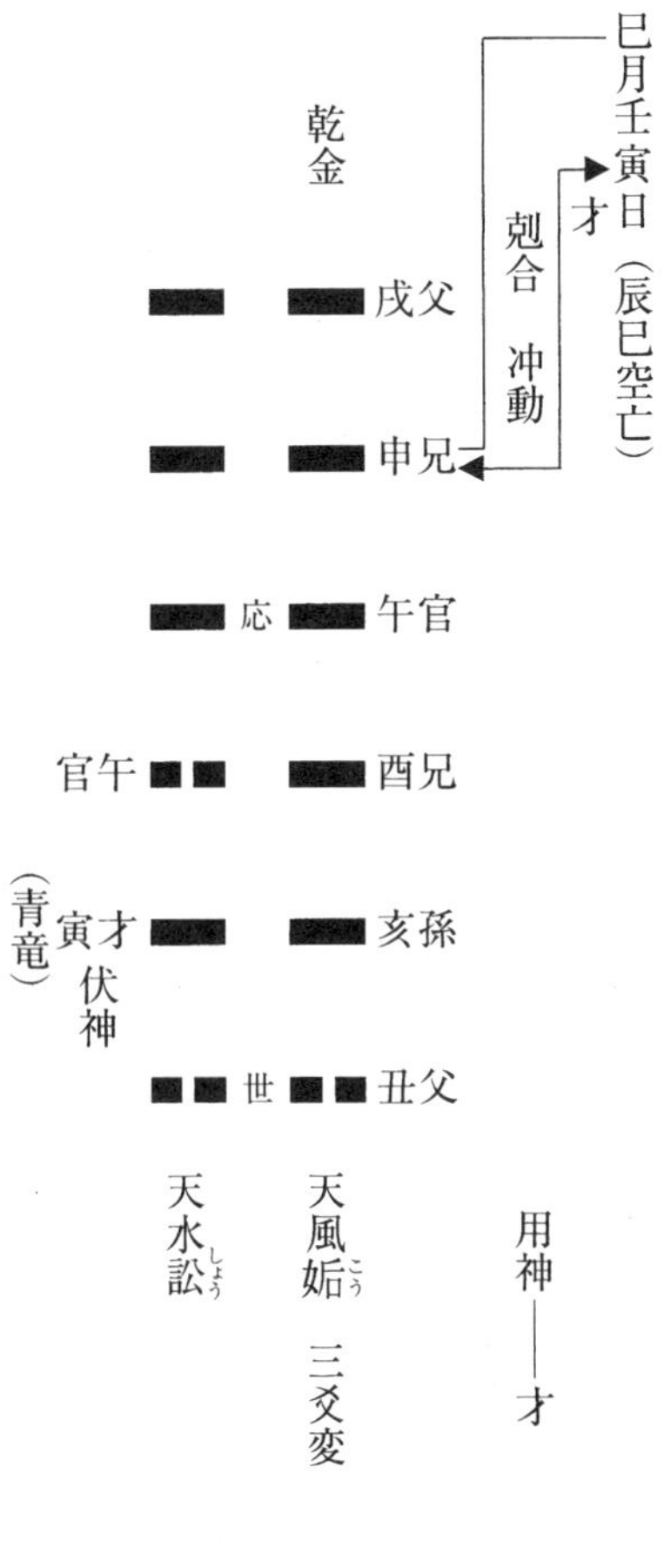

用神の寅才は、二爻に伏神しておりますが、日建に寅才がありますので、必ず見つかります。

原神の亥子孫《しそん》は、月破ですが、日建と生合して、伏神の寅才を生じております。

紛失したものが、誰かにとられているのではないか？　という心配があります。しかしこの卦では、忌神の丑父母と、戌父母が休囚しておりますので、心配はいりません。

用神の伏神寅（東）の方角に、何かの下の方に隠れているでしょう、と申し上げておきました。

その男性は家に帰ってすぐ、東の方角を探したところ、タンスの奥に見つかった、との連絡が、その日の夜にありました。

二爻の用神には、六神《りくじん》の青竜（木星）がついております。三碧は木星ですから、木に縁のあるところにある場合があります。

（注）六神について
玄武《げんぶ》（一白水星）　北、水に縁のある所
騰蛇《とうだ》（二黒土星）　西南、女性、田畑、庭
青竜（三碧木星）　東、木に縁のある所
朱雀《すじゃく》（九紫火星）　南、明るい所、きれいな部屋
勾陳（八白土星）　東北
白虎《びゃっこ》（六白金星）　西北
しかし、この六神だけで判断するのではなく、用神を中心にみて下さい。

〈44〉印鑑を紛失

うっかりして大事な印鑑を紛失した、というお客さんが、年に一度か二度はあります。

巳月壬午日（申酉空亡）
父　父

用神——父母

艮土

山沢損　初爻変		山水蒙《もう》	
寅官	▅▅▅	▅▅▅	
子才	▅ ▅	▅ ▅	
戌兄	▅ ▅	▅ ▅	
丑兄	▅ ▅	▅ ▅	
卯官	▅▅▅	▅▅▅	
巳父	▅▅▅	▅ ▅	寅官

初爻の巳父母が用神です。月併、日建と比和しておりますので、旺相です。しかも、用神の巳父母は動いて寅官の生を受けて回頭の生となっております。必ず見つかります。

方角は巳の方角の、下の方（初爻は下）にあります。

初爻には六神の玄武がついております。玄武は一白水星です。台所とか風呂場のあたりにあります。

そう申し上げると、お客さんは「思い当ることがあります。すいませんが電話を切らないでお待ち下さい」といってどこかへゆかれた様子でした。ほんの少しで戻ってきて、「おっしゃられたように、台所の下のほうにかくれておりました。おかげさまで助かりました」とお礼の言葉がありました。

〈45〉給料を袋ごと紛失

これは支給された給料を、袋ごと無くしたというのです。うっかりしてどこかに置き忘れたのか、あるいは事務所にあるのか、とんと記憶がありません。また、戻ってくるのかどうか、との問です。かなり前からの古いお客さんです。

午月甲午日（辰巳空亡）
兄　兄

用神――才

	離《り》為《い》火《か》（火）		山火賁《ひ》	
巳兄（空亡）	▅▅▅	世	▅▅▅	
未孫	▅ ▅		▅ ▅	
酉才	▅▅▅		▅ ▅	孫戌
亥官	▅▅▅	応	▅▅▅	
丑孫	▅ ▅		▅ ▅	
卯父	▅▅▅		▅▅▅	

離為火　四爻変　山火賁

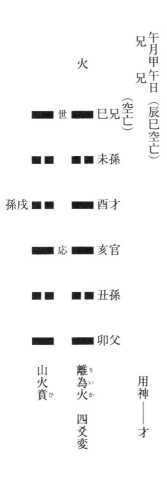

用神は四爻の酉才です。

原神は、二爻の丑才と、五爻の未才と二つありますが、五爻の未才が、月建と生合、日建と合起しておりますので、五爻の未才を原神とします。

忌神（用神酉才を剋す星）は、上爻の巳兄弟で、月建と日建に比和して旺相（強い）しておりますが、幸い空亡してますので、早く探せば見つかります。

仇神《あだがみ》（忌神を生ずる星）卯父母は、月建と日建に休囚しており弱いので、心配はいりません。

月建と日建が忌神の午兄弟であり、用神の酉才を剋しておりますので、なかなか見つかりそうもないし、出てこないとも見られますが、幸い、用神の酉才は動いて「回頭の生」になるのが、救いです。

方角は西（酉《とり》）で、六神は螣蛇《とうだ》がついておりますので、路上に落としたものと思われます。幸い回頭の生になっているのと、螣蛇は「まじめ」という意味もありますので、拾って交番に届けるとも考えられます。

結果は、三日後の酉《とり》の日に交番から電話があり、無事に給料が戻りました。

拾った方の良心と、その方の苗字が珍らしい文字であったのが幸いしました。

8　選挙占・勝負占

〈46〉市長選の当否占

某市の市長選です。

選挙となると、候補者はもちろんのこと、奥さんも応援者も大変だと私は思います。落選すれば「只の人」ですからね。知人の応援をしている新人候補が当選するか占ってほしい、と電話が入りました。知事選です。

卯月戊子日（午未空亡）

用神——世爻

艮土

寅官	▅▅▅	世	▅▅▅	
子才	▅ ▅		▅ ▅	
戌兄	▅ ▅		▅ ▅	
申孫	▅▅▅	応	▅ ▅	官卯
午父	▅ ▅		▅ ▅	
辰兄	▅ ▅		▅ ▅	

艮為山《ごんいざん》　三爻変

山地剥

選挙占の用神は、支持している人、応援している人を世爻とし、対抗者を応爻とします。

まず、応援している世爻の立候補者ですが、寅官がついていて、月建と比和し、日建の生を受けて旺相しております。

対立候補の応爻は、子孫がついており、かつ動いております。

一見して、世爻のほうが勝ちと見られますが、応爻が動いて世爻を冲剋しております。申金と寅官は冲であり、また金剋木の剋でもあります。

結果は、大接戦の末、応爻の女性候補者が再選されました。

〈47〉プロ野球の勝敗

プロ野球の勝敗を占いました。

巳月辛未日（戌亥空亡）

才　官

本卦			之卦
兄子 ▅ ▅	世	▅▅▅	卯孫（水）
官戌 ▅▅▅		▅▅▅	
父申 ▅ ▅		▅ ▅	
才午 ▅ ▅	応	▅ ▅	
官辰 ▅▅▅		▅▅▅	
孫寅 ▅ ▅		▅ ▅	

用神
世爻――阪神
応爻――相手

坎為水《かんいすい》　上爻変
風水渙《かん》

阪神の世爻は子兄弟がついており、月建に「絶《ぜつ》」、日建の未官の剋を受けて、休囚しておりますので、全く弱いのです。

反対に応爻の球団には午才がついて、月建と比和し、日建と合起しているので、旺相しております。結果は、阪神の大敗、惨敗に終りました。

〈48〉ボクシングの勝敗

今度はボクシングの勝敗占です。

やはり挑戦者を世爻とし、チャンピオンを応爻とします。

丑月乙酉日（午未空亡）

兌金帰魂

応	■■ ■■	戌父
	■■ ■■	申兄
	■■■■■	午官
世	■■ ■■	丑父
	■■■■■	卯才
	■■■■■	巳官

雷沢帰妹《きまい》

用神
世爻――挑戦者
応爻――チャンピオン

まず挑戦者の世爻には丑父母がつき、月併（月支と同じ支）しておりますが、日建には休囚しておりますので、余り勢いがありません。これに対して応爻には戌父母がつき、日建には休囚しており、勢いがありません。また、世爻には六神の勾陳がつき、応爻には玄武がついており、世爻ともに勢いがなく、引き分けと見られます。

引き分けの場合はチャンピオンの勝ちとなります。結果は、チャンピオンの勝ちに終りました。

〈49〉市議会議員選挙に立候補の可否

私の古いお客さんが「近い将来、某市の市議会議員選挙に出たい。票田はありますか」という。

果して当落は？

丑月癸寅日（辰巳空亡）
孫　父

火
遊魂

戌孫	━━━		━━━	
申才	━━━		━━━	
午兄	━━━	世	━━━	
午兄	━ ━		━ ━	（亥官）
（空亡）辰孫	━━━		━ ━	巳兄（空亡）
寅父	━ ━	応	━ ━	

用神——世爻官鬼

天水訟《しょう》　二爻変

天地否《ひ》

世爻に午兄弟がつき、日建の生を受けて旺相しております。兄弟はライバルです。ライバルが当選します。亥官鬼は三爻に伏神して、月建剋、日建の合です。議員には不向きです。また、落選します。日盤で見ると、

日破

2	7	⑨
1	3	5
6	8	4

寅

本命九紫が坤宮に入っております。坤宮は「過労」になりますし、「破」がついておりますので、健康を害します。やめたほうがよいでしょう、と釘をさしました。

〈50〉市議会議員選挙の勝敗

平成十六年の市議会議員の選挙です。この方に私と家内および妹夫婦の四人が票を投じました。私が間接的であっても応援している方ですから、用神は世爻と官鬼にとりました。

まず、世爻子兄は月建と冲（月破）ですが、日建の生を受けて旺相しております。しかし、官鬼の戌と辰から剋されております。これに対して応爻の午才は、月併、しかも動いておりますので、旺相しております。

午月戊申日（寅卯空亡）
才　父

水

子兄	■■	世	■■	
戌官	━━		━━	
申父	■■		■■	
午才	■■	応	━━	父酉
辰官	━━		━━	
寅孫（空亡）	■■		■■	

坎為水《かんいすい》　三爻変　　水風井《せい》

用神――世爻
官勉

結果は、次点で落選しました。僅少差でしたが……。

9　移転の吉凶占

〈51〉移転してよいか

いわゆる引っ越しについては、一般的には気学による方角の吉凶によって判断しておりますが、私は奇門遁甲《きもんとんこう》によって吉凶の判断をしております。

というのは、気学による吉凶の判断でよい方角だといっても、遁甲で「戦格」とか「伏宮」「飛《ひ》宮格《きゅうかく》」がその方角についていると、災いを受ける人がいるのです。また、方角の測り方も、六十度、三十度の取り方と、八方位がすべて四十五度の見方とがあります。

そこで、どうしても引っ越しをしなければならない場合には、易を立てるのです。というのは、運勢の強弱は人によって違うからです。

移転先の応爻に辰父母がつき、月建と日建から剋されておりますが、幸い四爻の午官鬼から生じられております。また、世爻の戌父母は月建から剋されておりますが、日建とは卯戌の剋合です。そして四爻の午官鬼から生じられているので、心配はいりません。

乾為天の卦は「六冲卦《りくちゅうか》」といい、世爻と応爻が辰と戌の冲になっておりますが、応爻の辰父母は月建と日建の剋を受けており、休囚（弱い）しておりますので、世爻を剋すことはできません。よって移転しても、大丈夫です。災いはありません。

ただし、世爻と応爻を助ける午官鬼は、動いて未父母に化し、「合住《ごうじゅう》」になりますので、午を冲する子月（十二月）にうつるのが、よいと思います。それまで待つのが無理ならば、寅月（二月）中か、遅れても卯月（三月）にうつるべきです、と申し上げました。

〈52〉引っ越しの方角が「暗剣殺《あんけんさつ》」

三、四月と九月は転宅の多い月です。なかなか思うように良い家の見つからない方もあります。また、子供さんの学校の問題もあります。そのため、単身赴任を余儀なくされますし、さらに方角の吉凶を気にされる方は大いに悩みます。

秋に入って間もなく、急に転勤が決まり、方角が良くないので困っています、ということで、ご夫婦で来宅されました。なるほど、国土地理院の地図で測ってみると、暗剣殺という方位です。暗闇《くらやみ》に殺人鬼が待ちかまえる、とも読めますので、暦でこの字を見ると、誰でもビックリするのです。そこで易を立てて、移転の吉凶を占いました。

『断易真義』の著者・九鬼盛隆（復堂）氏は、「家宅断法」の中において、いわゆる凶方位でも、断易で吉と出たときは災いがない、しばしば占って良い結果を得ている、と述べておられます。

さて得卦は、

酉月戊寅日（申酉空亡）
孫　官

坤土

孫 酉 ■■ 世（空亡）
才 亥 ■■
兄 丑 ■■
官 卯 ■■ 応
父 巳 ■■
兄 未 ■■

坤為地《こんいち》

用神
世爻――お客さん
応爻――移転先

世爻酉子孫は、月建酉に月併し、日建寅官鬼に「絶《ぜつ》」になっております。

移転先の応爻には卯の官鬼がついております。月建と冲ですから、月破です。月破は、「合《ごう》」の戌月（十月）か、値《ち》の卯月（三月）には災いがあると見ます。

しかし、世爻の酉金と応爻の卯木の強弱は、世爻の酉金のほうが強いのです。

酉月（九月）が引っ越しに良い月です。十月七日までに引っ越して下さい、と申し上げました。

世爻の酉が空亡になっているのは、本人の意志、希望に反した転勤であることを示しております。

よく耳にするのは、家を新築したとたん、転勤命令が出たり、あるいは定年まぎわに、とんでもない遠い、不便なところへ飛ばされることもあるようです。

〈53〉西の方角に就職が決った

やはり酉月（九月）の移転占の吉凶を占いました。十数年前のことですが、母親と共に、来春某薬科大学を卒業する予定であり、就職先も決っているのですが、一つはどんな仕事に向くのか、もう一つは移転の方位の吉凶を見て下さい、という依頼でした。

私は息子さんの生年月日を聞いて、日盤を作りました。

	①	6	8
卯	9	2	4
	5	7	3

一白水星の生れですから、巽宮に入って、相生しております。

私は、営業に向きますよ、というと、即座に「うちの息子は、口べたで、とても営業に向くとは思えませんが」と母親はいい、息子さんも軽くうなづきます。

巽宮は、技術と営業の仕事のどちらにも向くのです。

翌年の夏の始めに電話が入り、やはり先生のおっしゃられたように、営業にまわされまして、成績も上っております、とのことでした。

そこで方角の吉凶を占って、得卦は、水天需《じゅ》の四爻変が出ました。

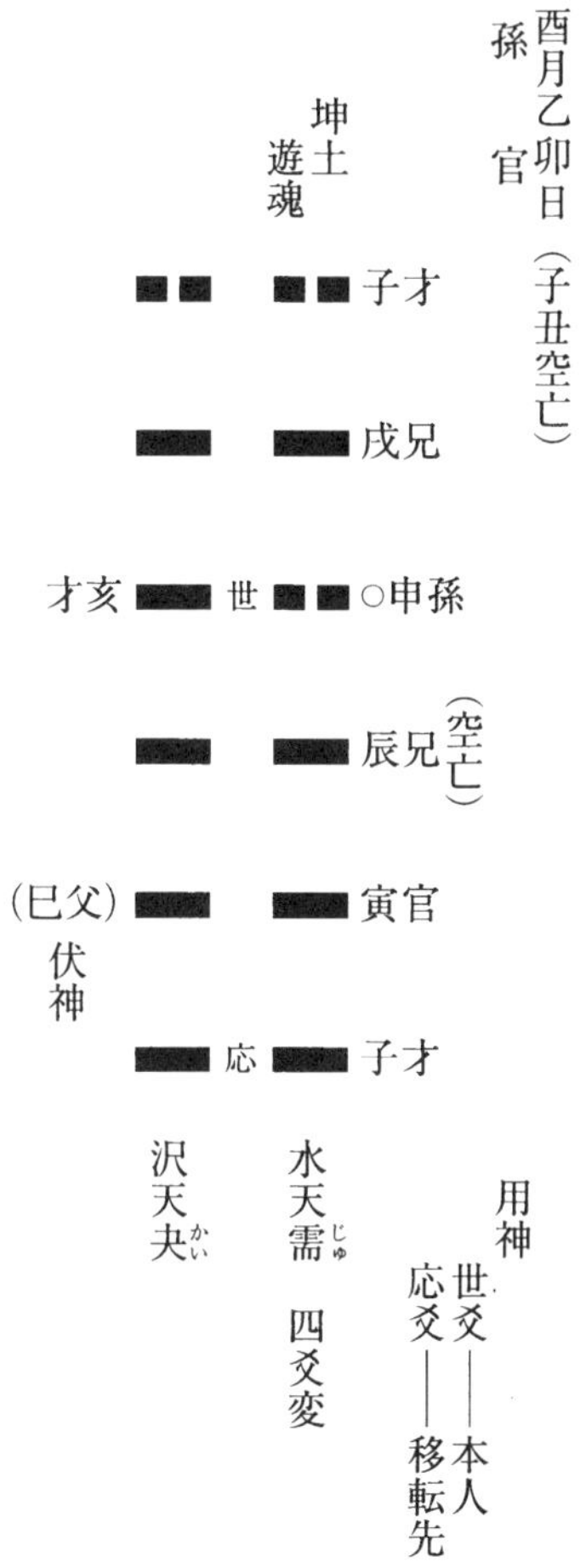

世爻申子孫は、月建と比和し、日建に休囚しておりますが、動いておりますので、必ず移転をします。方位は申（西）の方角です。

忌神の巳父母は、二爻に伏神しており、弱いので、移転による災いはありません。

この息子さんは、私の「営業に向きます」という話は全く信じておりませんでしたが、入社してからの営業の成績はトップで、しかも、お得意さんの信頼があって、三年後にお得意さんの援助で薬局を開業したところ、ただ薬を売るのではなく、お客さんの話をよく聞いて、症状に合わせて調剤をするので、大いに繁盛しているとのことです。おかげで毎日、夜おそくまでお客さんがやってくるそうです。

10　旅行の吉凶占

〈54〉アメリカへ旅行したい

「六月に、米国にゆきたいのですが、大丈夫でしょうか?」と近くの男性が来宅されました。
得卦は、風水渙《かん》の三爻変です。

辰月辛酉日（子丑空亡）
孫　才

火

本卦			之卦	
卯父	▅▅▅		▅▅▅	
巳兄	▅▅▅	世	▅▅▅	
未孫	▅ ▅		▅ ▅	
午兄	▅ ▅		▅▅▅	酉才
辰孫	▅▅▅	応	▅▅▅	
寅父	▅ ▅		▅ ▅	

用神
応爻——米国

風水渙《かん》　三爻変

巽為風《そんいふう》（六冲掛）

まず、世爻に巳兄弟がつき、月建辰と日建酉に休囚しております。また、三爻の午兄弟が動いて、酉才に化しております。これはムダ金を消費するだけです。応爻二爻の辰子孫は日建酉才と合起しております。これは女性同伴の象《しょう》です。別に問題はありませんが、之卦《しか》が六冲卦になりますので、男女関係がケンカ別れになる可能性があるので、注意をするように、と申し添えました。

〈55〉母親に付き添っての十日間のヨーロッパ旅行

母親に付き添っての十日間のヨーロッパ旅行についての相談です。

巳月甲申日（午未空亡）
父　孫

坤土
遊魂

本卦	爻	世応	之卦
才子	▅▅ ▅▅		▅▅ ▅▅
兄戌	▅▅▅▅		▅▅▅▅
孫申	▅▅ ▅▅	世	▅▅▅▅ 亥才
兄辰	▅▅▅▅		
官寅	▅▅▅▅		（巳父母）伏神
才子	▅▅▅▅	応	

水天需《じゅ》　四爻変
沢天夬《かい》

用神
世爻
応爻——ヨーロッパ

世爻に申子孫（子孫は安全の神）がついて、月建と剋合、日建に併起しており、旺相です。楽しい旅行になります、親孝行になります、と付け加えました。

ちなみに、母親の星・巳父母は、伏神しておりますが、月併し、日建と合、さらに飛神《ひじん》寅官の生を受けて旺相しております。

結果は、この息子さんは、まじめで働き者ですが、神経が非常に細いので、毎日、安定剤をのんでおり、旅行は中止しました。

母親は独りで元気よく旅行をしてきたそうです。

もちろんツアー旅行で、友人もたくさんできて、今も連絡を取り合って、国内旅行をしているということでした。

息子さんが旅行にゆかなかったのは、世爻の申子が動いて、亥才に化し、洩気（勢いが弱くなる）になっているからです。

ただ、動いているので、始めは行くつもりであったのです。

〈56〉団体旅行に参加の吉凶

この旅行が楽しい旅行になるかどうか、団体旅行です、とのこと。

巳月甲申日（午未空亡）
父　孫

坤土遊魂

六親	本卦	世応	之卦	
子才	⚋		⚋	
戌兄	⚊		⚊	
申孫	⚋	世	⚋	
辰兄	⚊		⚊	
寅官	⚊		⚊	
子才	⚊	応	⚋	兄丑

水天需《じゅ》　初爻変
水風井《せい》

世爻申孫は月建に剋合、日建に併起しております。

子孫は安全と楽しみの星です。楽しい旅行になります。食事も良い物が出ます。

ただ、初爻の子才が動いて　丑兄弟（出費）に化して合住になっております。

私は、予定以外に出費が多く出るかもしれませんから、お金はかなり余分にもっていって下さい、と申し上げました。

帰られての報告では、私の申し上げた通りでした。

〈57〉恋人との旅行の吉凶

東へ恋人と一緒に旅行をしたいのですが、楽しい旅行になるでしょうか、との占問です。

巳月壬寅日（辰巳空亡）

孫　兄

震木

未才	▬ ▬		▬▬▬	才戌
酉官	▬▬▬		▬▬▬	
亥父	▬▬▬	世	▬▬▬	
酉官	▬▬▬		▬▬▬	
亥父	▬▬▬		▬▬▬	
丑才	▬ ▬	応	▬ ▬	

用神　世爻　才

沢風大過《たいか》　上爻変

天風姤《こう》

世爻亥父母は、月建と「破《は》」、日建に合起しております。

日建に兄弟がつくと、出費の多い旅行となります。

上爻の未才は、月建の生を受け、日建の剋を受けておりますが、動いて進神《しんじん》となりますから、旅行に積極的であり、この旅行は、女性から出た話と思われます。また、未才が進神で世爻亥父母を剋しているのも、女性上位であり、合性はよくありません。近いうちに別れることとなります。

11　受験と就職占

〈58〉高校受験の合否

来年の高校受験について、母親と息子さんが来宅されました。
本人の依頼ですから、世爻を用神にとります。

亥月丙寅日（戌亥空亡）
孫　　才

用神——世爻

沢地萃《すい》　四爻変（兌金）		水地比《ひ》
未父 ▅ ▅		▅ ▅
酉兄 ▅▅▅	応	▅▅▅
亥孫（空亡） ▅▅▅		▅ ▅ 兄申
卯才 ▅ ▅		▅ ▅
巳官 ▅ ▅	世	▅ ▅
未父 ▅ ▅		▅ ▅

世爻巳官は月破（亥と巳の冲）ですが、日建の生合を受けております。月破は日建との合起があるので、妨げにはなりません。かなり実力があると見ます。

しかし、四爻の亥子孫（官鬼の忌神）が動いて、化爻の申兄の生を受けるので、回頭の生となり、世爻の巳官を冲剋するので、受験には不利となります。ただし、忌神の亥子孫は、空亡でありかつ日建の寅才と合になり、その働きを抑えられるので、スレスレで合格しそうです。

〈59〉大学受験の合否

これはお母さんのたのみです。本人の依頼でなく、母親がきた場合は、子孫が用神になります。大学受験とのこと。母親のほうが心配なんです。

子月丁酉日（辰巳空亡）
兌

用神——子孫

兌金

未父	▅▅ ▅▅	世	▅▅▅▅	父戌
酉兄	▅▅▅▅		▅▅▅▅	
亥孫	▅▅▅▅		▅▅▅▅	
丑父	▅▅ ▅▅	応	▅▅ ▅▅	
卯才	▅▅▅▅		▅▅▅▅	
巳官	▅▅▅▅		▅▅▅▅	

兌為沢《だいたく》　上爻変

天沢履《り》

用神亥子孫は、月建と比和、日建の生を受けて、旺相しております。しかし、上爻の未父母が動いて進神に化して、用神亥子孫を剋します。これは難関校の受験は落ちるかもしれません。

絶対に合格するスベリ止めの大学を選んで下さい、と申しましたが、本人は、この大学一本でゆく、もし落ちたら浪人するといいます。しかし父親は、浪人はダメだ、落ちたら俺の仕事を手伝えと申します、と困惑したお顔です。

数年前の占例でしたが、息子さんはやはり落ちて、今は父親の仕事の手伝いをしております。嫌々ながら。自分から道をとざしてしまうのは、本人にとって大きな損失です。

〈60〉不勉強の息子の受験

丑月乙丑日（戌亥空亡）

用神——子孫

震木

	▅▅ ▅▅	子父
	▅▅▅▅	戌才
（午孫）伏神	▅▅ ▅▅	申官
	▅▅▅▅	酉官
（寅兄）伏神	▅▅▅▅	亥父
	▅▅ ▅▅	丑才

水風井《せい》

これも母親の依頼です。

用神午子孫が四爻に伏神し、原神の寅兄弟も二爻に伏神しております。さらに用神、原神ともに月建と日建に休囚しております。

これは怠け者で、不勉強です、と私が申しますと、母親は、それで困っております。何かよい方法はないでしょうか、といいます。

私は、奇門遁甲という古代支那から伝えられたという方術をやってみましょう、と申し上げ、遁甲による吉方位を選んで「杭《くい》打《う》ち」をすすめました。

すると、新学期が始まって間もなく、母親からの電話で、「ありがとうございました、やっと前向きになり勉強を始めました。また何かありましたら、よろしくお願いいたします」とお礼をいわれました。

〈61〉一流大学の受験

一流校受験の合否についての本人からの依頼です。もし不合格なら、芸術系の大学に入りたいとのことです。

受験は、世爻（本人）と原神が旺相しなければ、もし入学できても、物になりません。

丑月甲辰日（寅卯空亡）
兄　兄

用神——世爻

天沢履《り》　四爻変 艮土	本卦	世応	変卦	
戌兄	━━━		━━━	
申孫	━━━	世	━━━	
午父	━━━		━　━	兄未
丑	━　━		━　━	
卯官（空亡）	━━━	応	━━━	
巳父	━━━		━━━	

風沢中孚《ちゅうふ》

世爻に申子孫がつき、月建と日建から生じられて旺相しております。

しかし、世爻が応爻卯官鬼（空亡）を剋しておりますので、この大学はこの方には向きません。

さらに、四爻の午父母忌神が動いて世爻を剋しております。

忌神午父母は、動いて未に化し、合住となります。

仮りに入学できても、合住の午父母を冲する子月（十二月）には、退学することになります。

私は、この学校は向きませんね。ほかの大学を選ぶほうが賢明でしょう、と申し上げたところ、
本人も内心期するところがあるのでしょうか、分かりました、といって帰ってゆかれました。

〈62〉官公立か、私立校を選ぶべきか

官公立か、私立か、どちらの学校を選ぶべきでしょうか、という占問です。

亥月甲申日（午未空亡）

用神――世爻

坤土
帰魂

応 ▅▅ 子才
▅▅▅ 戌兄
▅▅ 申孫
世 ▅▅ 卯官
▅▅ 巳父
▅▅ 未兄（空亡）

水地比

世爻に卯官鬼がつき、月建から生を受けておりますが、日建の剋です。休囚して弱いので、官公立はムリでしょう。

原神の子は月建に比和し、日建の生を受けて旺相し、世爻を生じております。

目指す官公立の大学は、この方によって良い学校ですが、残念ながら学力不足です。

一浪しても良いから勉強し直して、再受験して下さい、というと、はい、分かりました、そのようにいたします、といって明るい顔になって帰ってゆかれました。

以上で、占的別の占例を書いてきましたが、次に、もう少し占例を書いてみます。

12　補　遺

〈1〉今後の運勢

私の某学校の同期生で、旧陸軍飛行生出身のK君の依頼が、昭和六十三年の正月一日にありました。

長い間音信不通だったのですが、私の占いの電話をたまたま見つけての電話でした。

K君は初め、ある新聞社に入ったのですが、しばらくして労働組合の幹部になり、大いに活躍したそうです。

ところが、何かの事件に巻き込まれて退職のやむなきに至って、それからが大変な苦労をしたとのことです。

現在は、地方新聞社の営業の仕事をしているそうですが、今後の運勢を見てくれないかというのです。

当時、六十歳を少しこえたところでした。

	7	3	5	
卯	6	8	①	日破
	2	4	9	

日盤を見ると、一白は兌宮にあって、日破です。

体調もよくありません。

S2　年　丁卯
　　月　戊申　死　病
　　日　癸巳　胎　天徳貴人
　　　（午未空亡）

日支に六神の「胎」という独立星があり、活動家であり、勤めには向かないのです。

また生れた月（月柱）に「死」があります。これは中年には健康不安を意味します。

ただし、仕事が安定していれば、健康も維持できますが、K君の現状を考えると、用心が肝要です。

そこで、昭和六十、六年までの三年間の運勢を、まず占ってみました。

子月丙辰日（子丑空亡）
孫　　父

用神――世爻

天地否《ひ》　五爻変

乾金

天地否		火地晋	
戊父	▬▬▬	応	▬▬▬
申兄	▬▬▬		▬ ▬
午官	▬▬▬		▬▬▬
卯才	▬ ▬	世	▬ ▬
巳官	▬ ▬		▬ ▬
未父	▬ ▬		▬ ▬ （子孫）伏神（空亡）

火地晋《しん》

世爻の卯才は、月建の生を受け、日建に休囚。

原神の子子孫は、初爻に伏神し、かつ空亡ですから、生気がありません。

つまり体力が無いのです。

ただ、午官鬼（病気の星）は月破、日建に休囚しておりますので、何とか健康は維持できそうです。

そう告げると、では六十七歳からの運勢はどうか？　との問いです。

子月丙辰日（子丑空亡）
才　兄

用神――世爻

坤土
遊魂

本卦		爻		之卦	
子才	▅ ▅			▅▅▅	官卯
戌兄	▅▅▅			▅▅▅	
申孫	▅ ▅	世		▅ ▅	
辰兄	▅▅▅			▅▅▅	
寅官	▅▅▅			▅▅▅	
子才	▅▅▅	応		▅▅▅	

水天需《じゅ》　上爻変

風天小畜

世爻申孫は、月建に休囚しておりますが、日建辰の生を受けて旺相しており、体調は良いとみます。

また、子孫は安全、安泰の星ですから、割り合い平穏な人生を送ることができます。

ところが、六十八歳の寅年の夏、奥さんからの電話で「主人は亡くなりました」とのことで大変残念に思った次第です。剛毅にして明朗であった人だけに、今も忘れ得ぬ友人です。上爻の子才が卯官鬼に化すのが良くなかったのです。

〈2〉娘の縁談

娘さんの縁談について、母親が来宅されました。木枯しの吹き始めた十一月の終りのことです。

娘さん（二十七才）
年　丁巳
月　辛亥
日　乙酉
（午未空亡）

乙日の生れの女性は、月干の辛《かのと》は忌神です。乙日にとって庚金と辛金は夫の星であります。しかし、庚は乙と干合《かんごう》といい、合性は良いのですが、辛は良くないのです。

男性
年　丁巳
月　乙巳　帝旺　沐浴
日　己巳　帝旺
（戊亥空亡）

初夏の巳月に生れて、巳火が三つ、丁火が一つあります。日干己土《つちのと》にとっては印星（親の星）です。つまり大事にされすぎて育ったのです。

しかも、六神に帝旺という強い星が二つありますので、わがままな人です。

また、同年生れと九つ違いの男女は、女性に負担がかかります。具体的には、男（夫）は、よく働くが、妻や子供のことは知らん顔です。仮りに引っ越しのときでも、いろいろな手続きも、すべて奥さんまかせです。

これでは、今や日本が犯罪多発国家となった今日、家庭の安全は守れません。今の時代は、夫婦の協力が大切なんです。

また、日盤鑑定法で、男女どちらの本命が「艮宮」に入っても、同じことがいえます。

さて、最後の断は易によって決めます。

亥月丁酉日（辰巳空亡）
兄　父

水

子兄	━ ━		━ ━	
戌官	━━━	応	━━━	
申父	━ ━		━ ━	
辰官（空亡）	━ ━		━ ━	
寅孫	━ ━	世	━ ━	
子兄	━━━		━ ━	官未

水雷屯《ちゅん》　初爻変
水地比

用神
子孫——娘さん
官鬼——男性

世爻に寅木子孫がついております。子孫は男性の星である官鬼を剋すので、合性はよくないのです。男性の星である官鬼は、爻の辰官鬼と五爻の戌官鬼が出ております。相手はもう一人いるようです。

まず、三爻の辰官鬼ですが、月建に休囚し、日建酉と合起しております。しかし、問題は空亡がついております。この男性には愛情がないのです。

また、戌官鬼は、月建と日建に休囚しているので、頼りにならない男です。

なお、六神の玄武がついているので、仕事や性格が不安定な人です。

ただ、初爻が動いて未官鬼を化出しておりますので、このあとに出てくる男性に期待して下さい、と申し上げました。

〈3〉就職占

調理師の免許をもっているという男性からの相談です。

信州の八ケ岳山麓の古いお店につとめたいが、採用してもらえるかどうか、鑑定して下さい、といいます。当時三十四歳の独身男性です。

年　己酉
月　庚午
日　壬子
（月・日：冲）

日干（本人）壬水から見ると、月支午は正財（女性）ですが、日支と冲になっているので、女性運は弱いのです。

そこで採用されるかどうか、易を立てました。

卯月乙未日（辰巳空亡）

兌金

未父	▅▅ ▅▅		▅▅ ▅▅	
酉兄	▅▅▅▅▅	応	▅▅▅▅▅	
亥孫	▅▅▅▅▅		▅▅▅▅▅	
卯才	▅▅ ▅▅		▅▅ ▅▅	
巳官（空亡）	▅▅ ▅▅	世	▅▅ ▅▅	
未父	▅▅ ▅▅		▅▅▅▅▅	孫子

沢地萃《すい》　初爻変　　沢雷随《ずい》

用神——世爻
他の人——応爻

世爻に巳官鬼がつき、月建の生、日建に休囚し、空亡しております。弱いのです。

これに対して応爻は、酉兄がつき、月破ですが、日建の生と、動爻未父母の生を受けて旺相しております。

私は、採用されるのは、難しいでしょう、と申しますと、彼は「奇門遁甲の杭打ちがあると、友人に聞きました。何とか採用されるようにお願いします。三十四になってまだ独身で、おまけに仕事も不安定で、親にも心配の掛けっぱなしです」といいます。

そこで吉方の月日時を遁甲で選んで、杭打ちをしてもらいました。

本人の熱意と、杭打ちの効果もあったのでしょう、採用されたという電話が入りました。

彼も大変喜んで、私も奇門遁甲の効果を再確認した次第です。

〈4〉競馬狂の夫について

「夫が競馬、競輪狂いで困っています」という、当時四十七歳の女性が、私の本を見て来宅されました。

長男も、高校を中退して、二十一歳になる今も仕事が不安定といいます。

本人（奥さん）
年　丙申　　養
月　乙未 ┐養
日　壬午 ┘胎
（申酉空亡）

夫
年　癸巳
月　丙辰　　冠帯　冠帯
日　丙午　　帝旺　羊刃
（寅卯空亡）

奥さんには、十二運の「養」が二つあります。この「養」は夫がいいかげんな人で、奥さんが夫に迷惑を掛けられることを意味しております。

私がそう申しますと、「はい、そのとおりです。結婚してずーっとギャンブル狂で、お金は一円も入れず、私は苦労の連続です」と泣声になります。

ご主人の星は、辰月生まれですが、丙火が二つ、午火と巳火があります。これは「比肩劫財」といって、典型的な無駄使いの星です。

しかも、十二運も帝旺、羊刃、冠帯が二つですから、強烈な個性の持ち主で、人のいうことは聞きません。

また、これだけ火が強いのに、水は一つしかありません。水は人情です。つまり人情の無い人です。

こんなひどい夫でも、奥さんは手に職もなく、実家もまた頼りにならない、ということです。

日盤ではご主人は震宮という「自分勝手」な性格です。それに「日破」ですから、体調も良くありません。

奥さん

	3	⑧	1
夫（日破）	②	4	6
	7	⑨	5

酉

息子

息子

年　壬戌

月　癸卯　死　長生

日　壬辰　墓

（午未空亡）

三月の初旬生れで、まだ寒いのに、壬水が二つと癸水が一つ、それに辰の湿土があるので、湿っております。

日盤でも、坎宮に入っているので、夜のタイプで、性格も仕事も不安定です。

そこで相談です。夫も息子もあてにならないので、仕事を探しているのですが、いつごろ見つかるでしょうかと、切実な相談です。

世爻に午官鬼がついており、月建の生を受けておりますので、値の午月（六月）に見つかるでしょう、と申しておきました。
七月に入っての電話で、先月仕事が見つかりました、とお礼をいわれました。
近年、いいかげんな夫が多くて女性が泣いております。

〈5〉夫が家を出てゆく、という

「夫が家を出てゆくといってますが、ほんとに出てゆくでしょうか?」という相談が、春の初めにありました。桜が五分咲きの朝のことです。

このお二人は同じ年令で、五十一歳です。

日破

8	4	6
7	9	2
③	5	1

寅　アンケン

艮宮に入っていると、男は養子型で、奥さんや子供のことは知らん顔です。

夫

年	壬辰	偏財空亡
月	壬寅	建禄　病
日	甲午	死

（辰巳空亡）

夫の命式には、自分のわがままを抑える官鬼（正官、偏官）がありません。したがって、勤めには向きません。また、偏財が空亡です。

そこで、夫は本当に家を出てゆくのでしょうか?　易を立てました。

卯月壬寅日（辰巳空亡）
才　才

用神——夫（官鬼）

乾金遊魂

爻	本卦	世応	変卦	
巳官（空亡）	━━━		━━━	
○未父	━ ━		━━━	兄申
酉兄	━━━	世	━━━	
卯才	━ ━		━ ━	
巳官（空亡）	━ ━		━ ━	
未父	━ ━	応	━ ━	
	火地晋《しん》　五爻変		天地否	

夫の星である巳官は二つありますが、今は一緒にいるので、内卦の巳官を用神にとります。

巳官は、月建と日建の「才」から生じられているので、家では奥さんから嫌われてますが、外では女性から好かれる人です。

しかし、巳官は静爻、空亡ですから、今のところは出てゆかないでしょう。

しかし、油断はできません。巳官を冲する十一月には家を出てゆく可能性が高いのです。

十二分に注意をして下さい、と念を押しました。

ただ、この奥さんにも男がいるらしいのです。上爻にも空亡の巳官鬼がいて、旺相しております。

「奥さんにも好きな人がいますね」というと「あら？　分かりますか」という。私は、この男性もいいかげんな人ですよ、と念を押しておきました（巳官鬼が空亡）。

〈6〉子供が仕事を継いでくれるか

私の『名前の付け方』（泰光堂刊）の本を読まれた方から、速達で命名の依頼がありました。

5	1	3
4	⑥	⑧
9	2	⑦

長男

アンケン父親

中宮が母親

父親は乾宮に入っていますので、しっかりした方です。唯、暗剣殺ですから健康には要注意です。

母親は中宮に入っているので、優しい方です。

長男

年　辛巳　（平成十四年）

月　辛丑　衰　養

日　乙未　養

（丑・未　冲）

（辰巳空亡）

長男には、十二運の「養」が二つあり、また月支丑と日支未が冲となっております。

かなり気むずかしい赤ちゃんです。

また日干（赤ちゃん）乙に対して、仕事の星である辛（偏官）が二つありますが、乙に対して辛は忌神です。つまり勤めには向かないので、時代に合った資格や技術を身につけるように付言しました。

さて名前ですが、この赤ちゃんの性格からみて、対人関係のよい名前を選びました。

なお、ご希望がありましたので、ご両親の夢が実現するかどうか？　を占ってみました。

「父親は医師で、そのあとを継げるか」というのです。

丑月丙申日（辰巳空亡）
孫　才
用神――子孫

	火山旅　上爻変（火）		雷山小過	
巳兄	▅▅▅		▅ ▅	孫戌
未孫	▅ ▅		▅ ▅	
酉才	▅▅▅	応	▅▅▅	
申才	▅▅▅		▅▅▅	
午兄	▅ ▅		▅ ▅	
辰孫（空亡）	▅ ▅	世	▅ ▅	

用神子孫が二つ出ておりますが、世爻の辰子孫を用神にとります。

月建に比和して旺相しておりますが、日建に休囚しており、加えて空亡しております。

しかし、上爻の原神巳兄弟が動いて子孫を化出し、用神辰孫を生じているのが救いです。

それに応爻と世爻は生合しておりますので、順調とはいえませんが、何とか目的を達成できると思います。

用神辰孫についている空亡は、勉強嫌いの子であることを示しております。要は育て方です。

〈7〉生れた子供をプロの棋士にしたい

帝王切開で生れた長男を、プロの将棋指しにしたいので、そういう名前を付けて下さい、との依頼です。

男児
年　辛巳　（平成十三年）
月　戊戌┐　養　墓　空亡　魁罡《かいごう》
日　丁卯┘　病
（戌亥空亡）

母

2	7	⑨
①	3	5
6	⑧	4

父 アンケン

新生児

長男は坎宮に入ってますので、活発な仕事よりも、研究職に向きます。将棋指しに向きます。

ただ、星が弱いですね。頑張りと、集中力をつける必要があります。坎宮に入った男はそれが欠けているのです。それで、その欠点を補う名前を選びました。

では目的を達することができるのか？　占ってみました。

戌月丁卯日（戌亥空亡）

用神——子孫

巽木

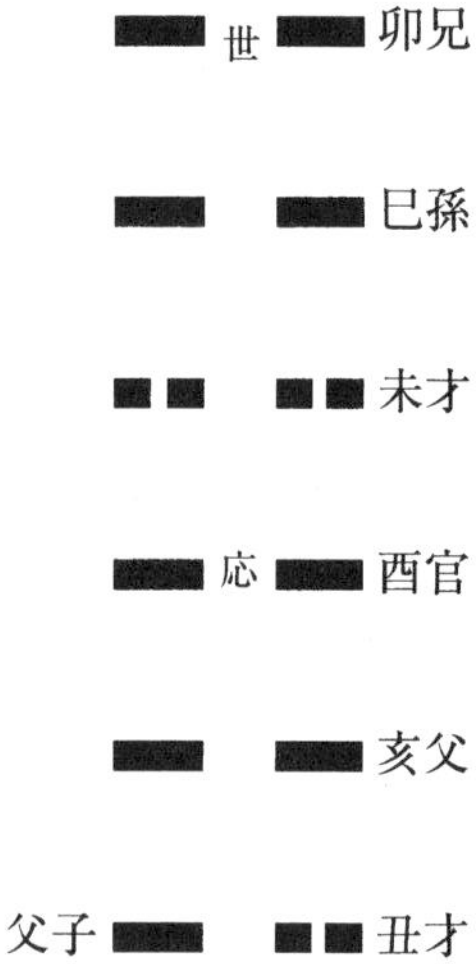

巽為風《そんいふう》　初爻変

風天小蓄

用神巳子孫は五爻にあって、月建に休囚しておりますが、日建の生を受けて、旺相しております。十分見込みはあります。頑張って下さい、と強く申しました。

〈8〉やる気の無い甥の教員について

古いお客さんの甥が、病気で学校を休んでいます（教員）。大病院で検査をしたが思わしくないといいます。

申

9	5	7	
8	1	③	▲
4	6	2	

ア

兌宮は神経の細い人です。おそらく理科の先生でしょう（兌は職人の宮）。

男

年　辛丑　空亡

月　己亥　死　胎

日　乙卯　禄

（子丑空亡）

年支丑才が空亡していますので、食が細いのです。日盤では兌宮という神経の細い宮に入っているので、消化不良です。

乙日生れなので、人間性は良い人です。

まず易を立てて見ました。

酉月甲申日（午未空亡）
父　父
水遊

本卦	世応	変卦
父酉 ■■		■■
兄亥 ■■		■■
官丑 ■■	世	■■
兄亥 ▬▬		▬▬
官丑 ■■		■■
孫卯 ▬▬	応	■■ 辰官

用神——子孫
地火明夷《めいい》　初爻変
地山謙《けん》

まず、月建と日建が「父母」になっております。心配性のためストレスが溜って、それが病気の原因になり易いのです。

なお、用神卯の子孫が動いて、辰官鬼（病気の星）に化すのもよくないし、月破と日建の剋を受けるのは、なかなか治りにくいことを示しております。

医学的な治療と併せて、禅の修業をすることを勧めましたが、その後、本人からは全く連絡がありません。

〈9〉従業員の縁談

二十七年前の占例です。使用人の結婚について、社長の奥さんから電話による相談がありました。満三十五歳の男性です。男性から頼まれた、とのことです。

4	9	2
③	5	7
8	1	6

ハ（上）　丑（下）　Mさん（③）

男性
年　癸未
月　癸亥　胎　帝旺
日　己丑　墓
（午未空亡）

震宮に入っているので、職人さんですが、社交的ではありません。人当りがよくないために結婚が遅れていると思います。

十一月の終りの冬に生れているのに、癸水が二つ、亥水が一つで水が多い上に、丑（湿った土）があるので、日干の己土（田畑）は凍ってしまいます。つまり暗い性格なんです。

妻の星は、日干己からみると、才（水）ですが、十一月の終りには不要の水です。

これは「財多身弱《ざいたみじゃく》」という女性運の弱い典型的な星です。

この人にお見合いの相手が出てきたのですが、まとまるでしょうか？ との相談です。

用神
世――本人
才――女性

巳月辛丑日（辰巳空亡）

火遊		
戌孫 ━━━		━━━
申才 ━━━		━ ━ 孫未
午兄 ━━━	世	━━━
午兄 ━ ━		━ ━
辰孫 ━━━		━━━
寅父 ━ ━	応	━ ━
天水訟《しょう》 五爻変		火水未済《びせい》

女性の申才は、月建の剋合、日建の生を受けて旺相、しかも動いて回頭の生になりますので、積極的です。

これに対して世爻の男性は、午の兄弟がついているので、申才を剋しており、この話はまとまりません。

結果は、この男性がはっきりしないので、相手の女性から断わりの電話が入ったとのことでした。

〈10〉長男夫婦にいつ子供が授かるか

長男夫婦にいつ赤ちゃんが授かるでしょうか？　と心配顔の母親が来宅されました。

長男（満三十七歳）
年　丁未
月　壬子　絶　帝旺
日　己未　冠帯　羊刃
（子丑空亡）

嫁さん（満三十八歳）
年　乙巳
月　己卯　胎　病
日　庚午　沐浴
（戌亥空亡）

長男は、子供の星（官星）が無く、嫁さんにも子供の星である（食神、傷官）がありません。
日盤では、

9	5	7
⑧	1	3
4	⑥	2

嫁さん（⑧）　長男 アンケン（⑥）

長男の星六白が坎宮に入っており、暗剣殺ですから、体調不良です。精密検査を受ける必要がありそうです（母親は、うなづきます）。

そこで断易を立てて、果して赤ちゃんが生れるのか、どうか、を占いました。

寅月乙酉日（午未空亡）
官　孫

用神——子孫

艮土帰魂

風山漸《ぜん》 五爻変		艮為山《ごんいざん》	
卯官	━━━	応	━━━
巳父	━━━		━ ━ 才子
未兄	━ ━		━ ━
申孫	━━━	世	━━━
午父（空亡）	━ ━		━ ━
辰兄	━ ━		━ ━

三爻の用神の申子孫は、月建に絶ですが、日建に比和して旺相しております。

ただし、五爻の巳父母が動いて申孫を剋合しておりますので、お二人で病院にいって、診察を受ける必要があります。巳父母が動いて「絶」に化していますから、ぜひ診察をしてもらうべきです。

幸い、忌神の午父母（申孫を剋する星）は、月建の生を受けておりますが、日建に休囚し、かつ空亡ですから、用神申子孫を剋す力はありません。

では、妊娠の時期は、いつでしょうか？　申は八月です。忌神巳と合となり、忌神の力を弱め、申孫の力を強くします。私は今、吉報を待っているところです。

〈11〉長男の仕事に悩む母親

この方は、昭和六十二年からのお客さんですから、十八年近くになります。独り息子のことについての相談です。小学校、中学校時から、いじめや、上級生の脅迫に悩まされてきたのです。

長男

⑧	4	6	
7	9	2	母親 酉
3	5	1	

人間性はよいのですが、事務系の仕事や、変化の無い仕事には向きません。

初め、理容学校に入って卒業はしたのですが、就職してすぐ床屋さんをやめてしまいました。

長男

年　甲寅┐　空亡

月┌庚午┘　長生　沐浴

日┌乙巳　　沐浴

（寅卯空亡）

乙木の日に生れて、年支の寅木が空亡しておりますので、根無し草です。仕事運が弱いのです。また、寅と午で火局半会となり、日支に巳火がありますので、火の勢いが強くて、月干庚（正官―仕事の星）は弱くなり、これまた仕事運の弱いことを示しております。

結局、この独り息子は仕事を転々としましたが、現在はトラックの運転をしております。

母親はしっかりした方で、仕事もよく働き、公務員として定年まで頑張ります、といっております。

あとは、独り息子の結婚を楽しみにしておりますが、三十歳をすぎた今も、独身であって、恋人もおりません。

付録

用神の分類及び定例法

〈父　母〉

父母、祖父母、伯叔父母、舅姑、義父母、師長、主人、父母ノ同輩又はソノ親友、乳母、単ニ天地を指す時、宮室、宅舎、田園土地、艦船、汽車、電車、其他車類、航空機、絹綿布類、雨具、衣具、毛布、帽子、天幕、文章、文学、書信、電信電話、証拠書類、訴状、雨、辛労

〈官　鬼〉

夫、夫の兄弟姉妹、夫の同輩及親友、官公職の人、官公衙、裁判所、神仏、諸霊、神仏像、敵将、盗賊、邪祟病症、屍体、銃砲剣、すべての武器、雷、逆風、濃雲、不順の天候、濃霧、電気、憂惧の神、

〈妻　財〉

妻妾、兄弟の妻妾、婢妾、総て我が使役する人、諸婦女、通貨、金銀宝石類、倉庫、糧食、日用器物、飲食料類、晴天

〈子　孫〉

男女子孫、女婿、姪甥、門人、徒弟、忠臣、良将、神官、僧侶、道人術士、薬剤士、兵卒、家畜、禽鳥、財源、酒肴、諸安全機、医薬、医療法（応支の医師の外に医を求むるに木星を他の医師となす事あり）、憂患を解くもの、難を避くる地、官公人にありては職階剥奪降下の主星、太陽、月星、順風、天気好順

（応　期）

1　旺・衰を主体としてみると

イ　値年月日（支の年月日）

ロ　生を受けるとき

ハ　剋を受けるとき

2　動は合のとき、冲は合のとき、静は冲のとき
3　空亡　実空のとき
4　伏神　値のとき、冲のとき
5　合は冲のとき、冲は合のとき
6　月破　合のとき、実破（支と同じとき）

六十花甲子順位並に空亡表

	甲子 1	甲戌 11	甲申 21	甲午 31	甲辰 41	甲寅 51
	乙丑 2	乙亥 12	乙酉 22	乙未 32	乙巳 42	乙卯 52
	丙寅 3	丙子 13	丙戌 23	丙申 33	丙午 43	丙辰 53
	丁卯 4	丁丑 14	丁亥 24	丁酉 34	丁未 44	丁巳 54
	戊辰 5	戊寅 15	戊子 25	戊戌 35	戊申 45	戊午 55
	己巳 6	己卯 16	己丑 26	己亥 36	己酉 46	己未 56
	庚午 7	庚辰 17	庚寅 27	庚子 37	庚戌 47	庚申 57
	辛未 8	辛巳 18	辛卯 28	辛丑 38	辛亥 48	辛酉 58
	壬申 9	壬午 19	壬辰 29	壬寅 39	壬子 49	壬戌 59
	癸酉 10	癸未 20	癸巳 30	癸卯 40	癸丑 50	癸亥 60
空　亡	戌亥	申酉	午未	辰巳	寅卯	子丑

四時旺衰表

	春	夏	秋	冬	四季土用
旺	寅卯 木	巳午 火	申酉 金	亥子 水	丑辰未戌 土
相	巳午 火	丑辰未辰 土	亥子 水	寅卯 木	申酉 金
死	丑辰未戌 土	申酉 金	寅卯 木	巳午 火	亥子 水
因	申酉 金	亥子 水	巳午 火	丑辰未戌 土	寅卯 木
休	亥子 水	寅卯 木	丑辰未戌 土	申酉 金	巳午 火

三　合

長生	帝旺	墓	五行合成ノ局
申	子	辰	子ノ水局ニ合成ス
亥	卯	未	卯ノ木局ニ合成ス
寅	午	戌	午ノ火局ニ合成ス
巳	酉	丑	酉ノ金局ニ合成ス

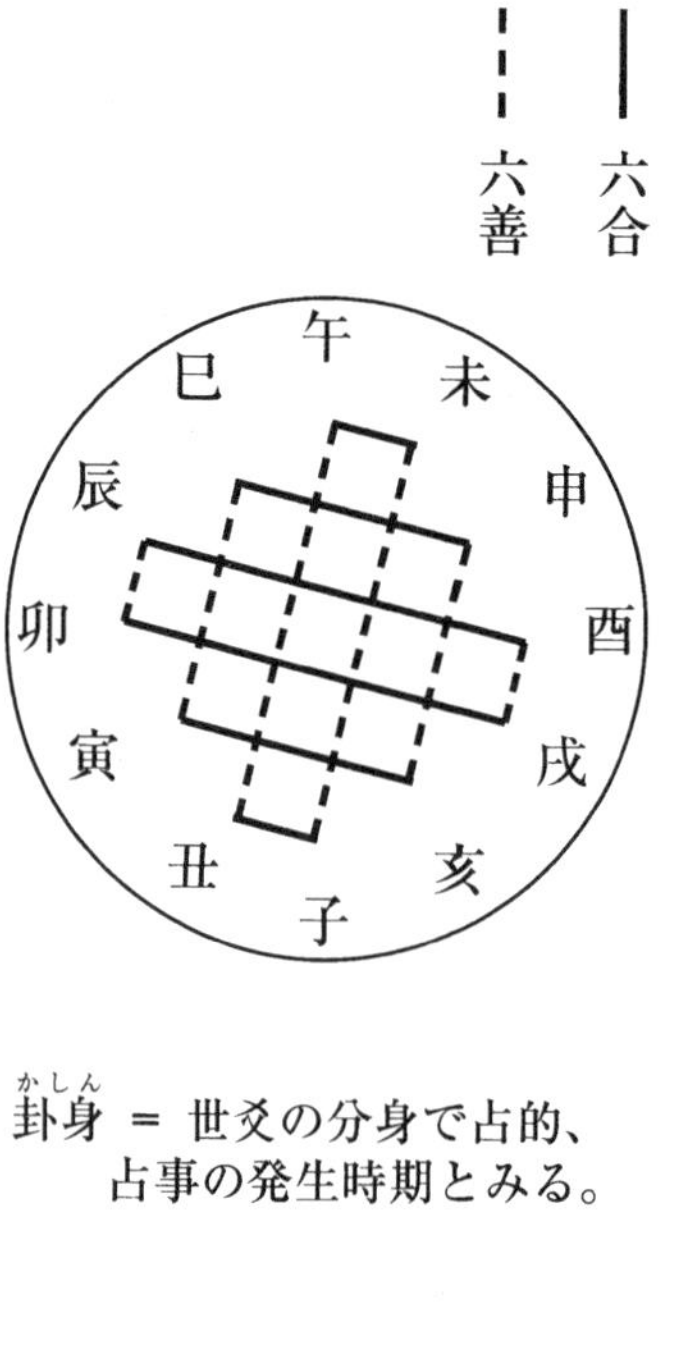

生旺墓絶

	金	木	火	水	土
長生	巳	亥	寅	申	午
旺	酉	卯	午	子	戌
墓	丑	未	戌	辰	寅
絶	寅	申	亥	巳	卯
胎	卯	酉	子	酉	

卦身《かしん》 ＝ 世爻の分身で占的、
占事の発生時期とみる。

六神（りくじん）

占日ノ十干／卦支	甲乙	丙丁	戊	己	庚辛	壬癸
上支	玄武	青竜	朱雀	勾陳	騰蛇	白虎
五支	白虎	玄武	青竜	朱雀	勾陳	騰蛇
四支	騰蛇	白虎	玄武	青竜	朱雀	勾陳
三支	勾陳	騰蛇	白虎	玄武	青竜	朱雀
二支	朱雀	勾陳	騰蛇	白虎	玄武	青竜
初支	青竜	朱雀	勾陳	騰蛇	白虎	玄武

	木	火	土	金	水
八卦	震巽	離	坤艮	乾兌	坎
十干	申乙	丙丁	戊己	庚辛	壬癸
十二支	寅卯	巳午	丑辰未戌	申酉	亥子
四時	春	夏	土用	秋	冬
方位	東	南	中央	西	北
六神	青竜	朱雀	勾陳騰蛇	白虎	玄武
五色	青	赤	黄	白	黒

（見ません）

天喜（天医）　吉神

占月	爻
寅	戌
卯	亥
辰	子
巳	丑
午	寅
未	卯
申	辰
酉	巳
戌	午
亥	未
子	申
丑	酉

（註）　此神ノ応用法ハ万物ノ成ル所死シテ又生ズル理ヲ取リタルモノ病占ニ病者ノ用支或ハ応支ニ附シ生合ヲ受クルヲ最モ吉トス

（見ません）

大雪	小寒	立春	啓蟄	清明	立夏
子——午	丑——未	寅——申	卯——酉	辰——戌	巳——亥
芒種	小暑	立秋	白露	寒露	立冬

金

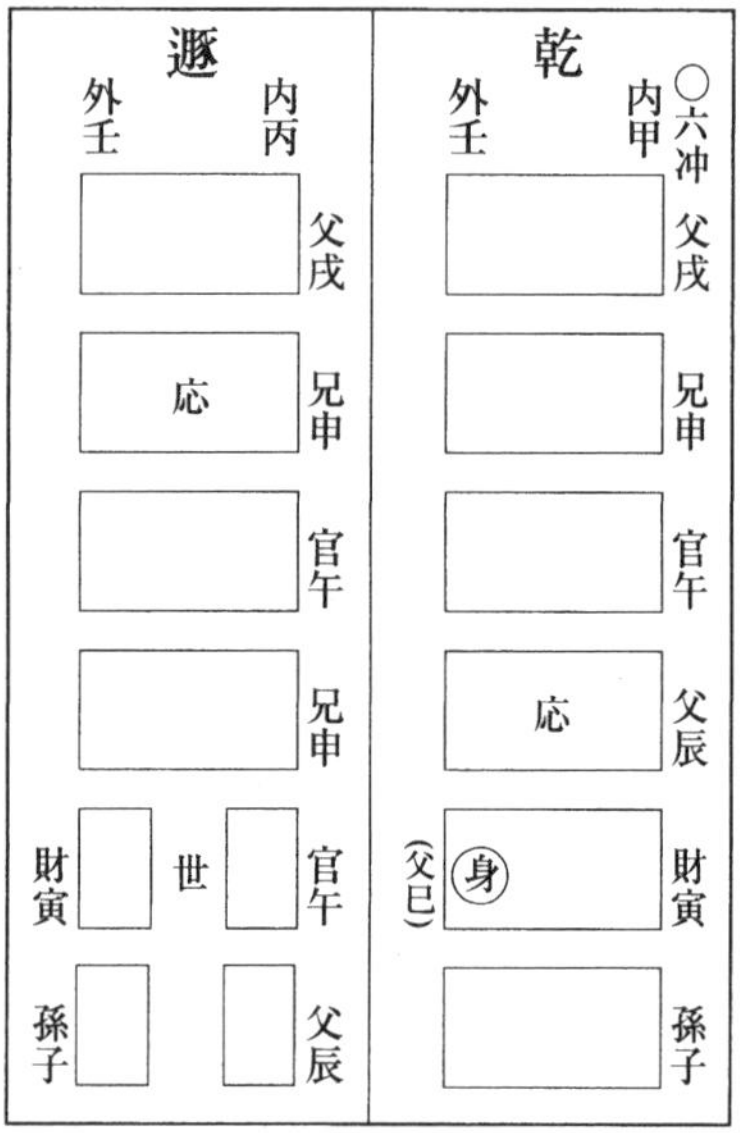

乾
○六冲
内甲
外壬
父戌
兄申
官午
応
父辰
身
(父巳)
財寅
孫子
遯
内丙
外壬
父戌
応
兄申
官午
兄申
世
官午
財寅
父辰
孫子

金

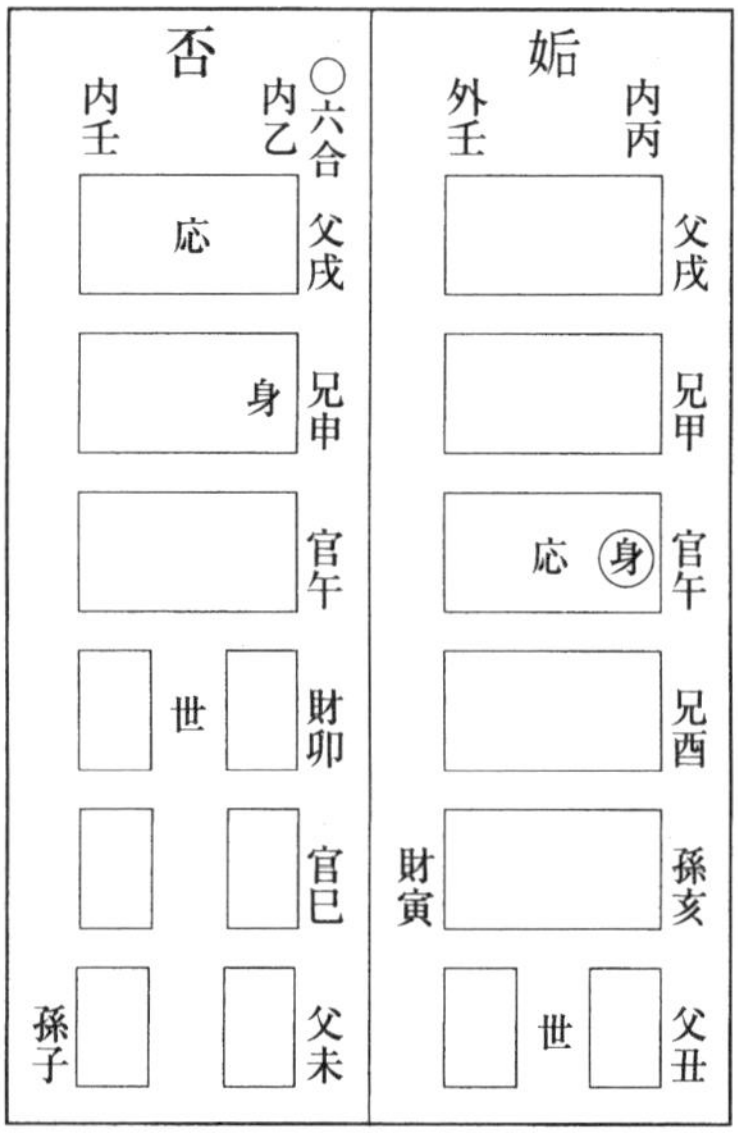

姤
内丙
外壬
父戌
兄申
応
身
官午
兄酉
孫亥
財寅
世
父丑
否
○六合
内乙
内壬
応
父戌
身
兄申
官午
世
財卯
官巳
父未
孫子

(1)

金

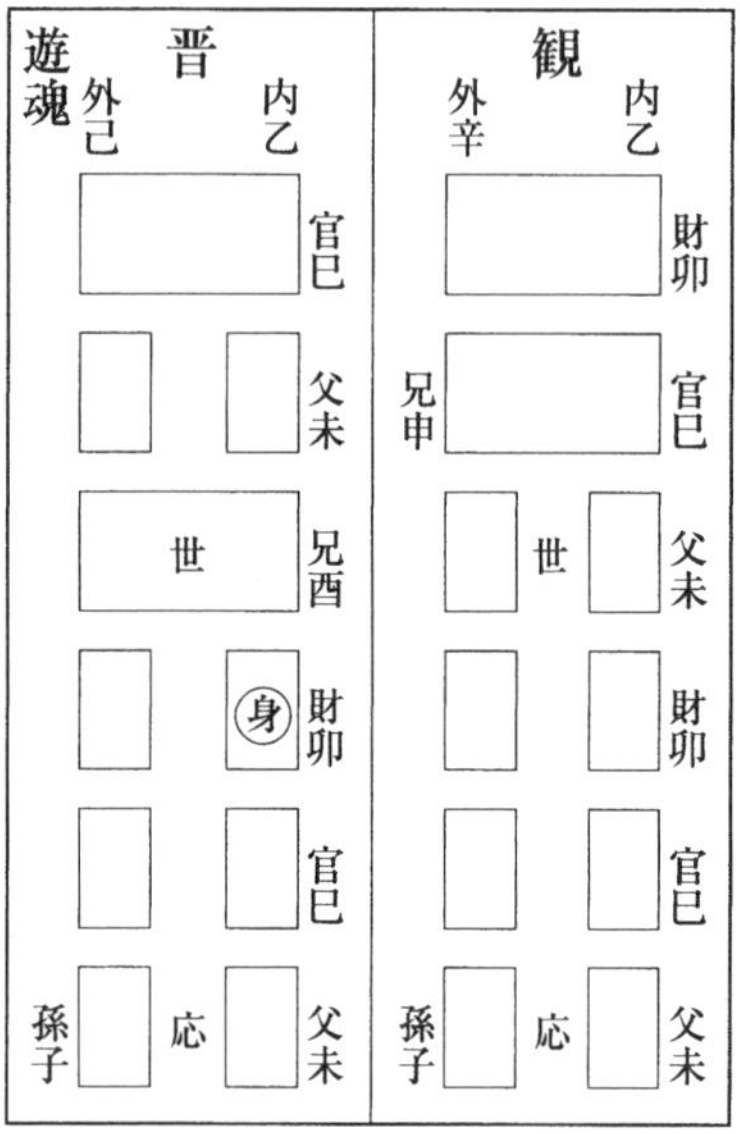

観
内乙
外辛
財卯
官巳
兄申
世
父未
財卯
官巳
応
父未
孫子
晋
遊魂
内乙
外己
官巳
父未
世
兄酉
身
財卯
官巳
応
父未
孫子

金

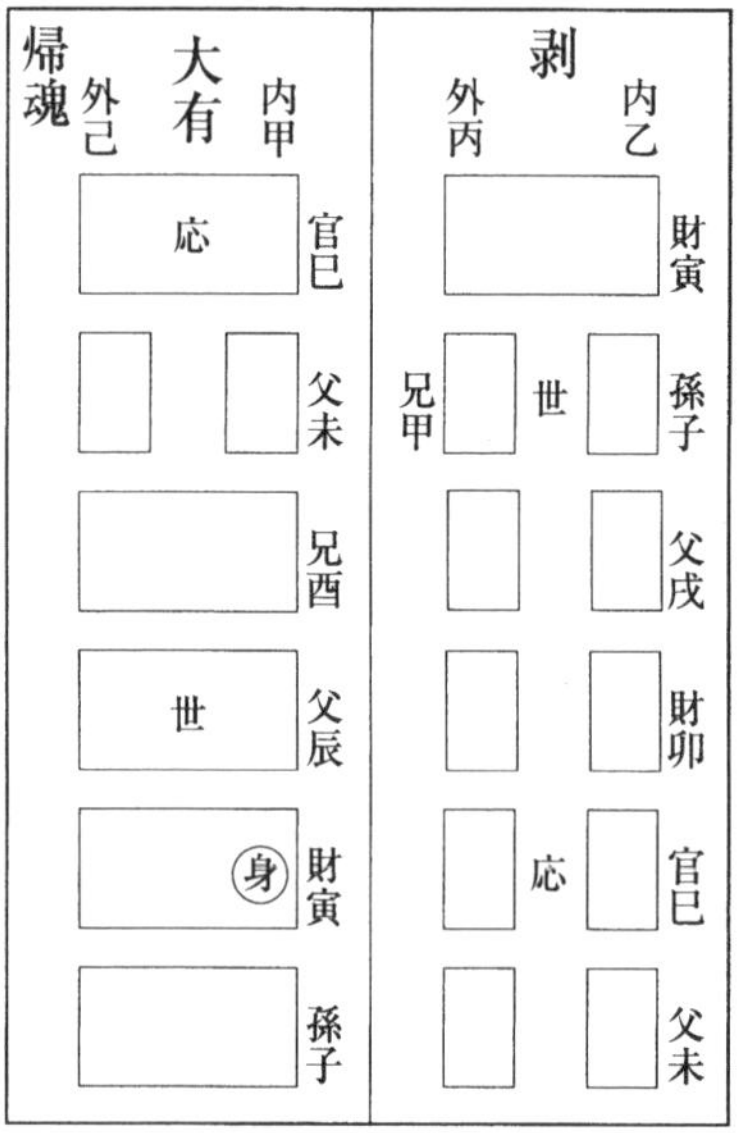

剥
内乙
外丙
財寅
世
孫子
兄甲
父戌
財卯
応
官巳
父未
大有
帰魂
内甲
外己
応
官巳
父未
兄酉
世
父辰
身
財寅
孫子

(2)

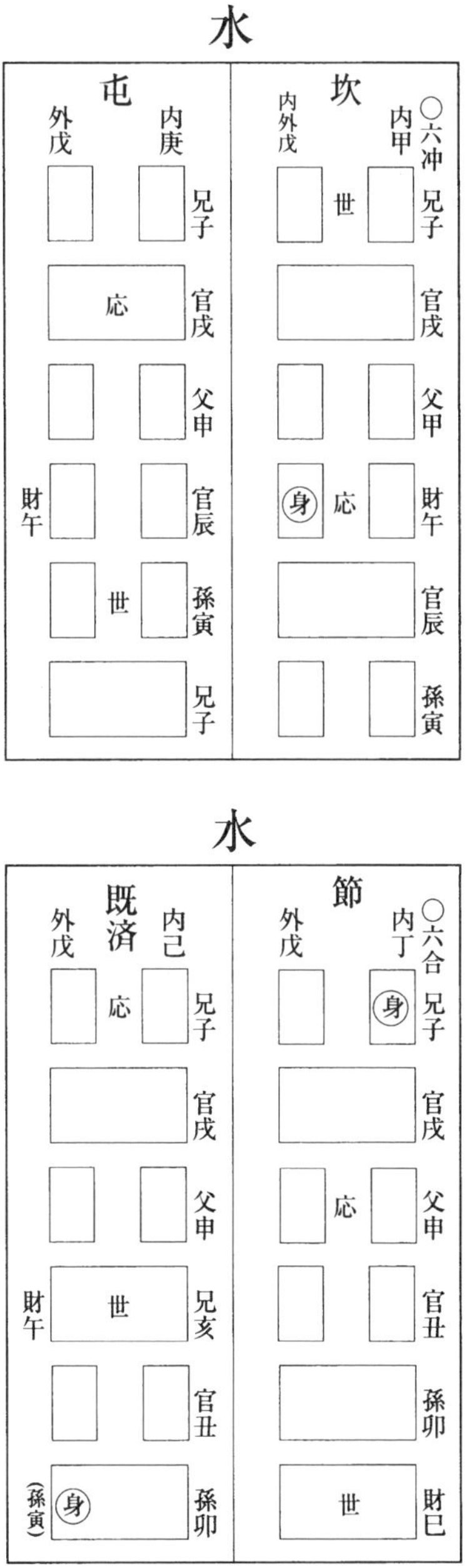
水
坎
○六冲
内甲
内外戊
世
兄子
官戌
父甲
身
応
財午
官辰
孫寅
屯
内庚
外戊
兄子
応
官戌
父申
財午
官辰
世
孫寅
兄子
水
節
○六合
内丁
外戊
身
兄子
官戌
応
父申
官丑
孫卯
世
財巳
既済
内己
外戊
応
兄子
官戌
父申
財午
世
兄亥
官丑
(孫寅)
身
孫卯
(3)

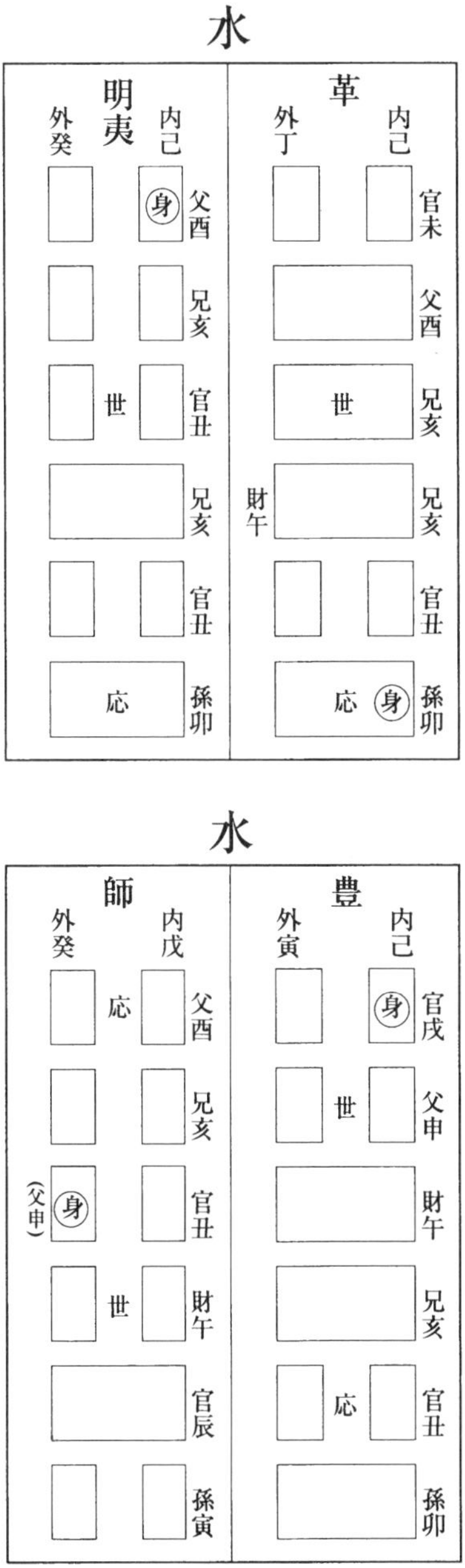
水
革
内己
外丁
官未
父酉
世
兄亥
財午
兄亥
官丑
応
身
孫卯
明夷
内己
外癸
身
父酉
兄亥
世
官丑
兄亥
官丑
応
孫卯
水
豊
内己
外寅
身
官戌
世
父申
財午
兄亥
応
官丑
孫卯
師
内戊
外癸
応
父酉
兄亥
(父申)
身
官丑
世
財午
官辰
孫寅
(4)

土

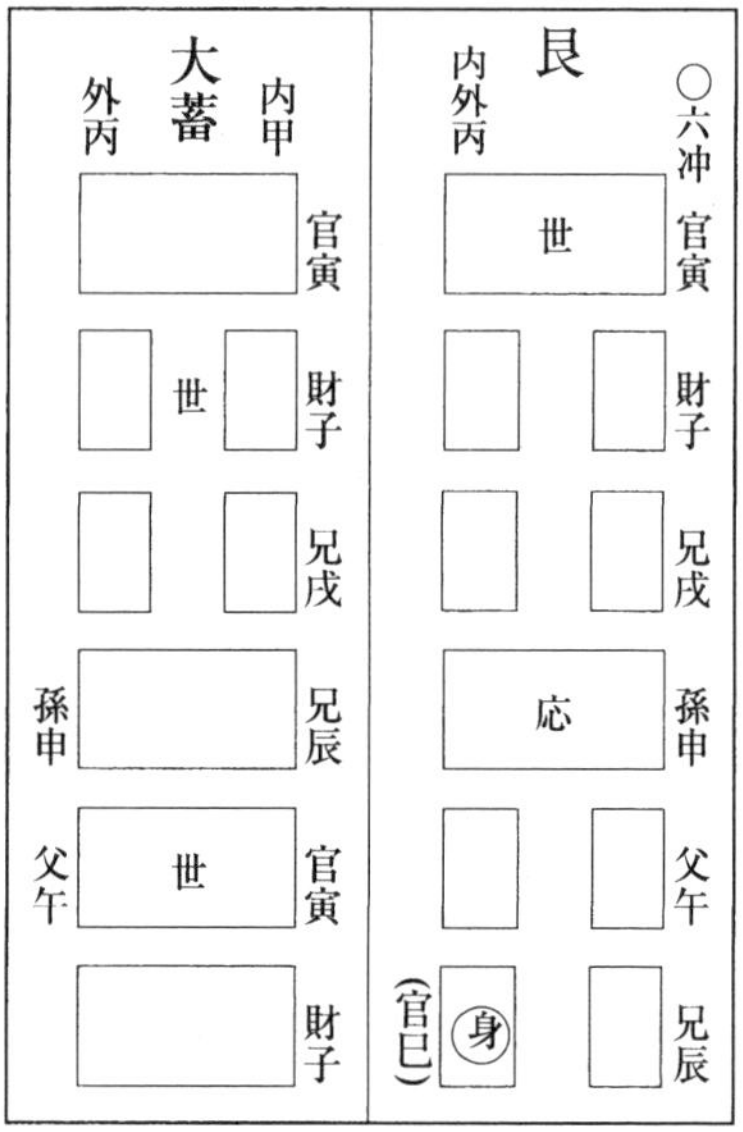

艮
内外丙
○六冲
世 官寅
財子
兄戌
応 孫申
父午
(官巳) 身 兄辰
大蓄
外丙
内甲
官寅
世 財子
兄戌
孫申 兄辰
父午 世 官寅
財子

土

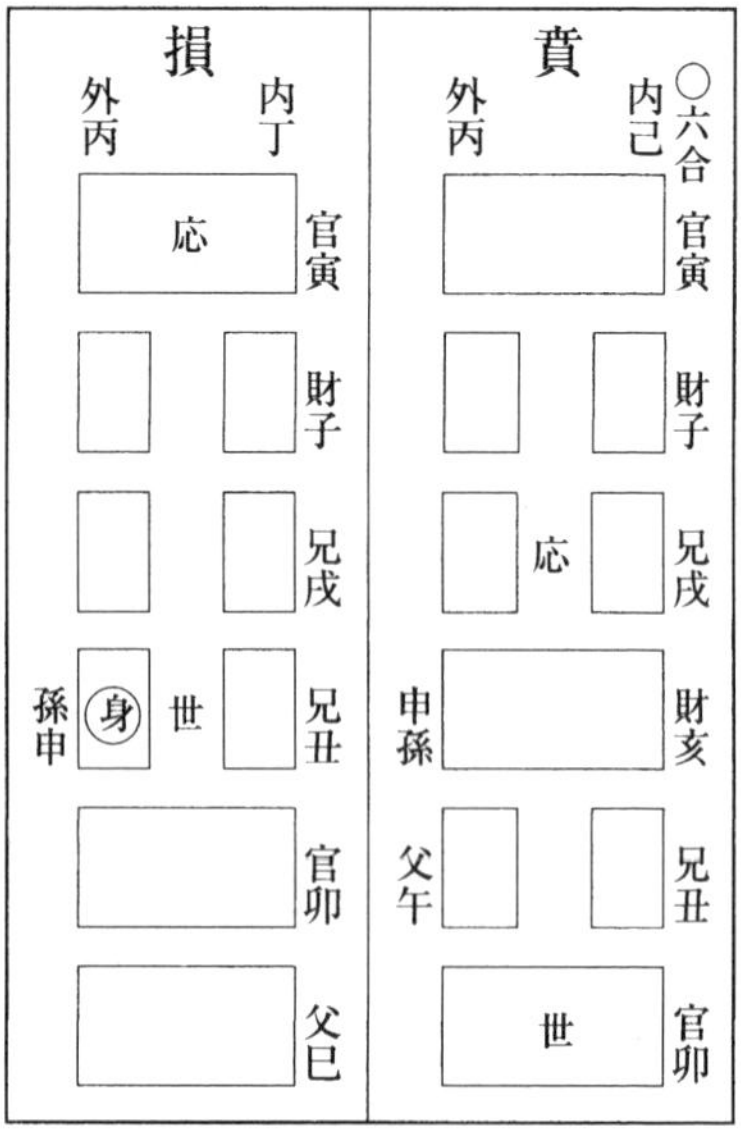

賁
外丙
内己
○六合
官寅
財子
応 兄戌
申孫 財亥
父午 兄丑
世 官卯
損
外丙
内丁
応 官寅
財子
兄戌
孫申 身 世 兄丑
官卯
父巳

(5)

土

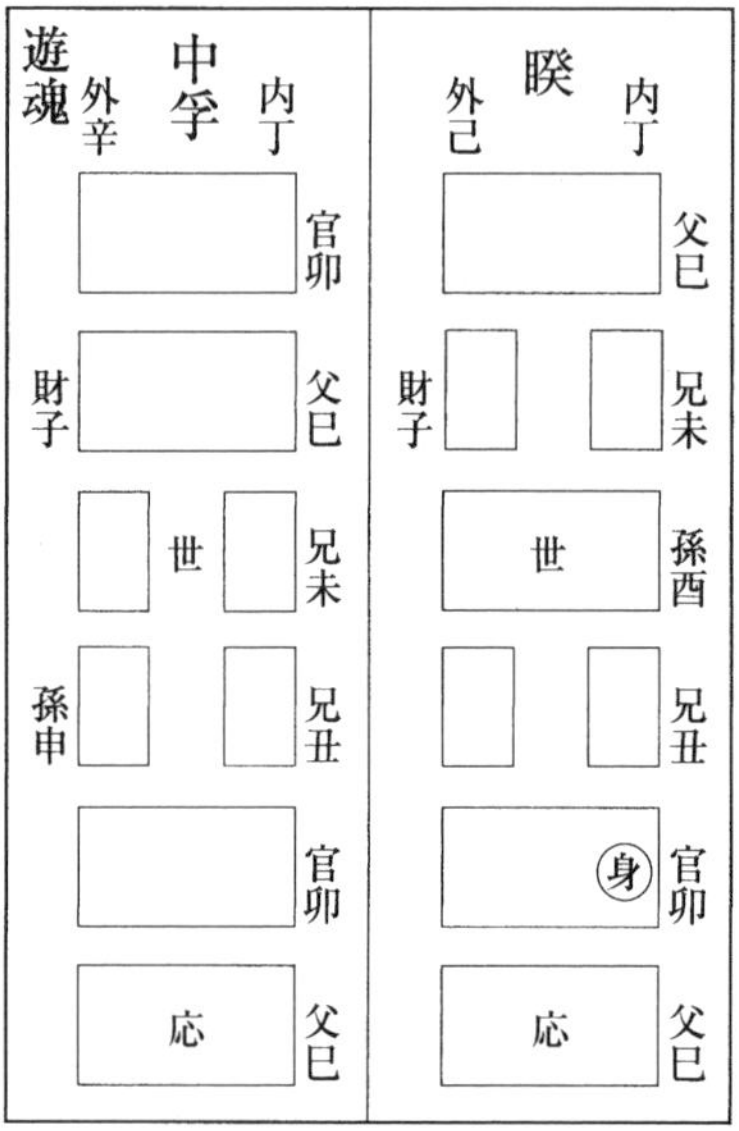

睽
外己
内丁
父巳
財子 兄未
世 孫酉
兄丑
身 官卯
応 父巳
遊魂
中孚
外辛
内丁
官卯
財子 父巳
世 兄未
孫申 兄丑
官卯
応 父巳

土

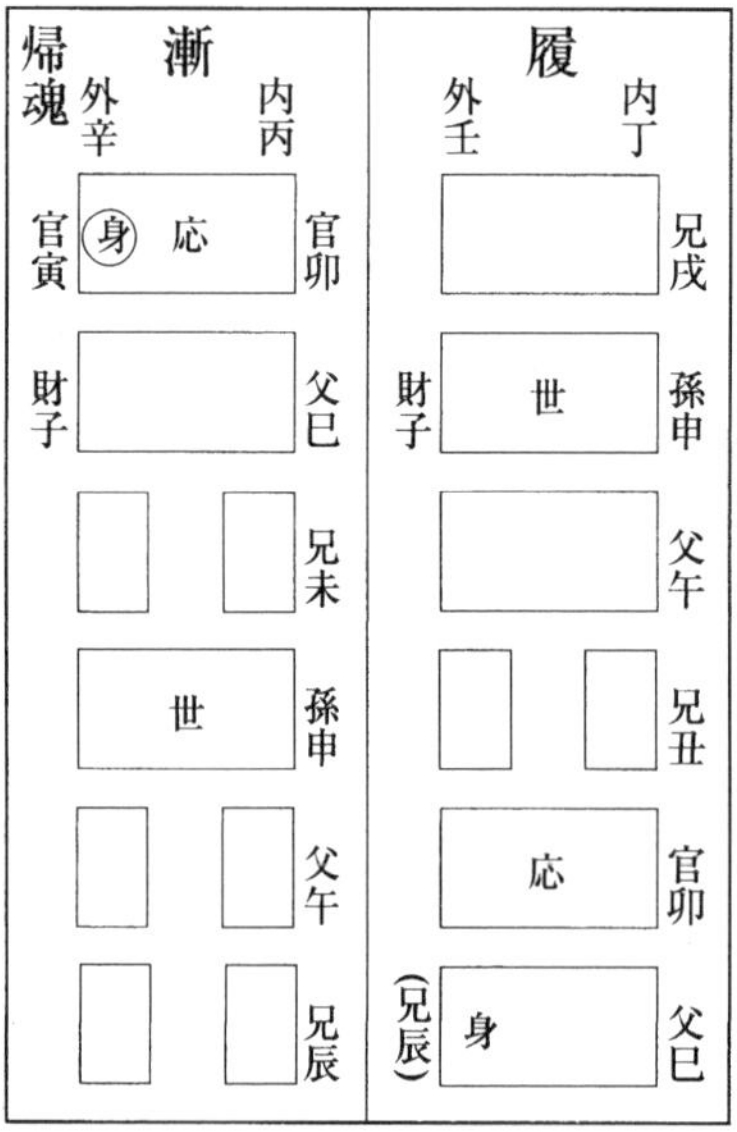

履
外壬
内丁
兄戌
財子 世 孫申
父午
兄丑
応 官卯
(兄辰) 身 父巳
帰魂
漸
外辛
内丙
官寅 身 応 官卯
財子 父巳
兄未
世 孫申
父午
兄辰

(6)

木

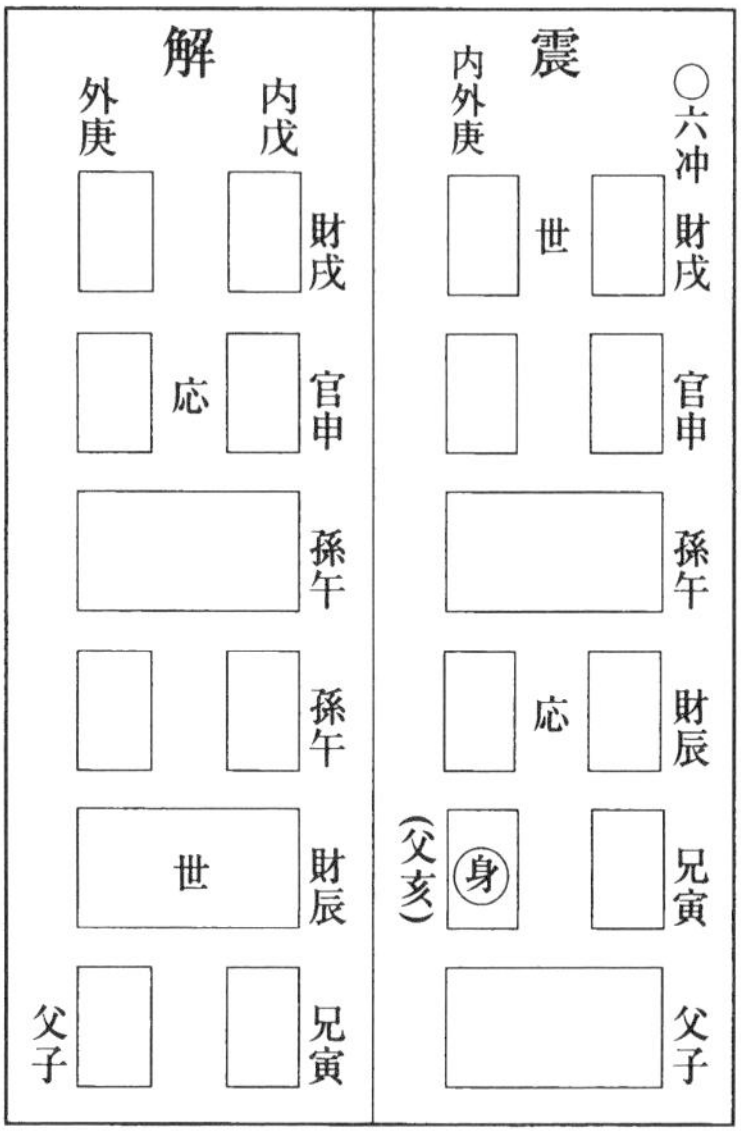

震
内外庚
○六冲
財戌 世
官申
孫午
財辰 応
兄寅 (父亥) 身
父子
解
外庚 内戊
財戌
官申 応
孫午
孫午
財辰 世
兄寅 父子

木

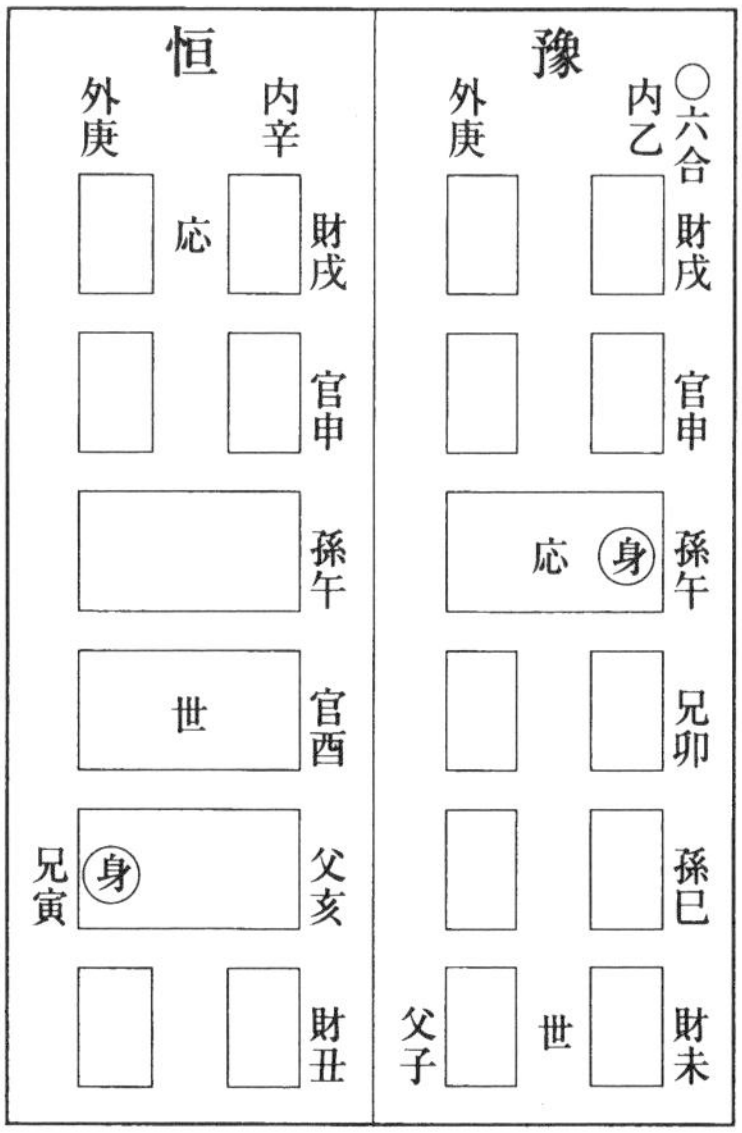

豫
外庚 内乙
○六合
財戌
官申
孫午 応 身
兄卯
孫巳
財未 世 父子
恒
外庚 内辛
財戌 応
官申
孫午
官酉 世
父亥 身 兄寅
財丑

(7)

木

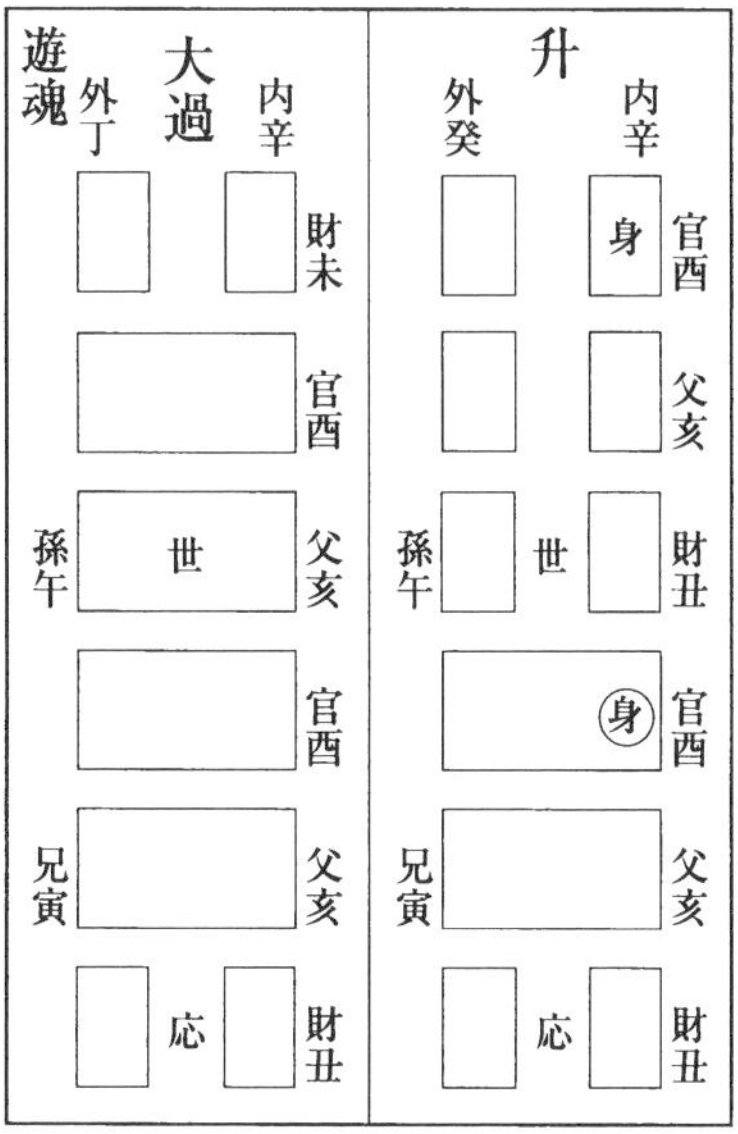

升
外癸 内辛
官酉 身
父亥
財丑 世 孫午
官酉 身
父亥 兄寅
財丑 応
遊魂
大過
外丁 内辛
財未
官酉
父亥 世 孫午
官酉
父亥 兄寅
財丑 応

木

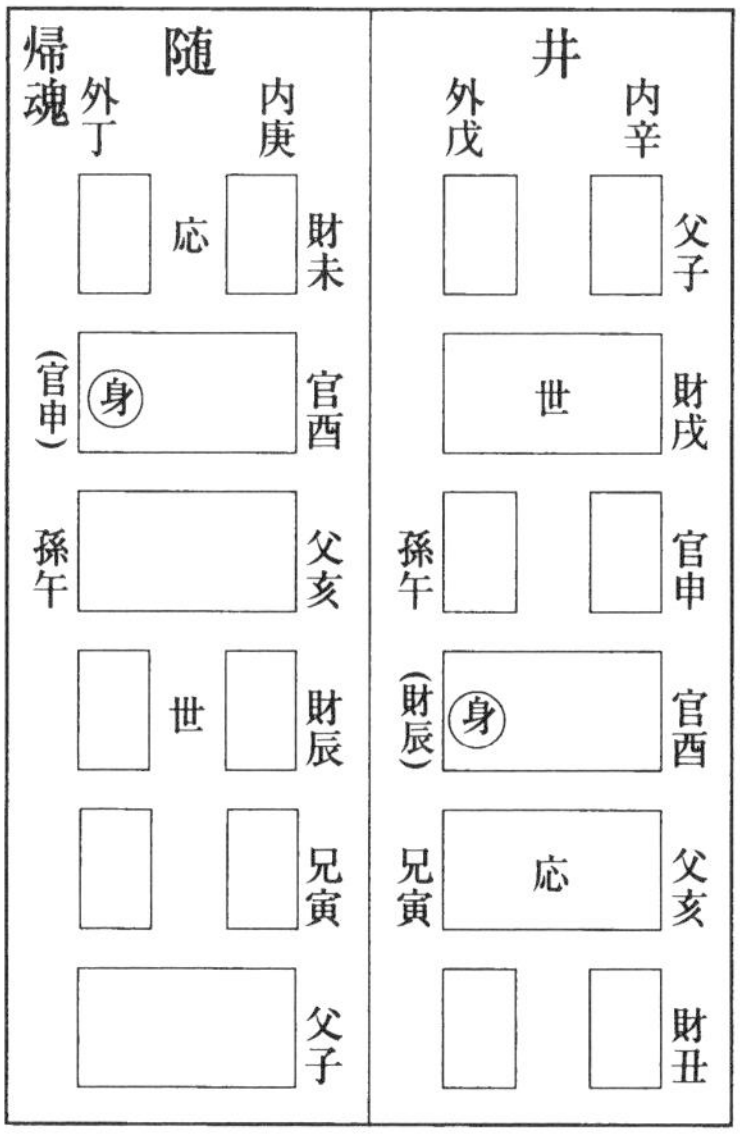

井
外戊 内辛
父子
財戌 世
官申 孫午
官酉 身 (財辰)
父亥 応 兄寅
財丑
帰魂
随
外丁 内庚
財未 応
官酉 身 (官申)
父亥 孫午
財辰 世
兄寅
父子

(8)

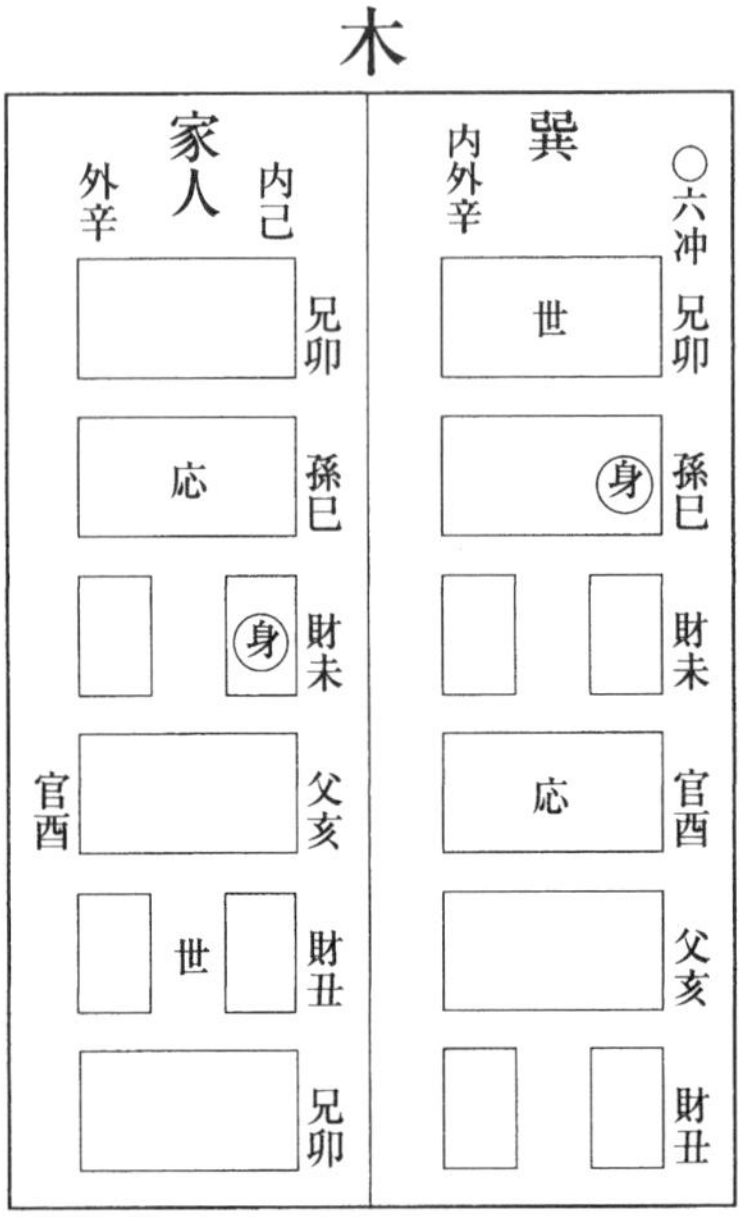
木
巽
内外辛
○六冲
世
兄卯
身
孫巳
財未
応
官酉
父亥
財丑
家人
外辛
内己
兄卯
応
孫巳
身
財未
官酉
父亥
世
財丑
兄卯

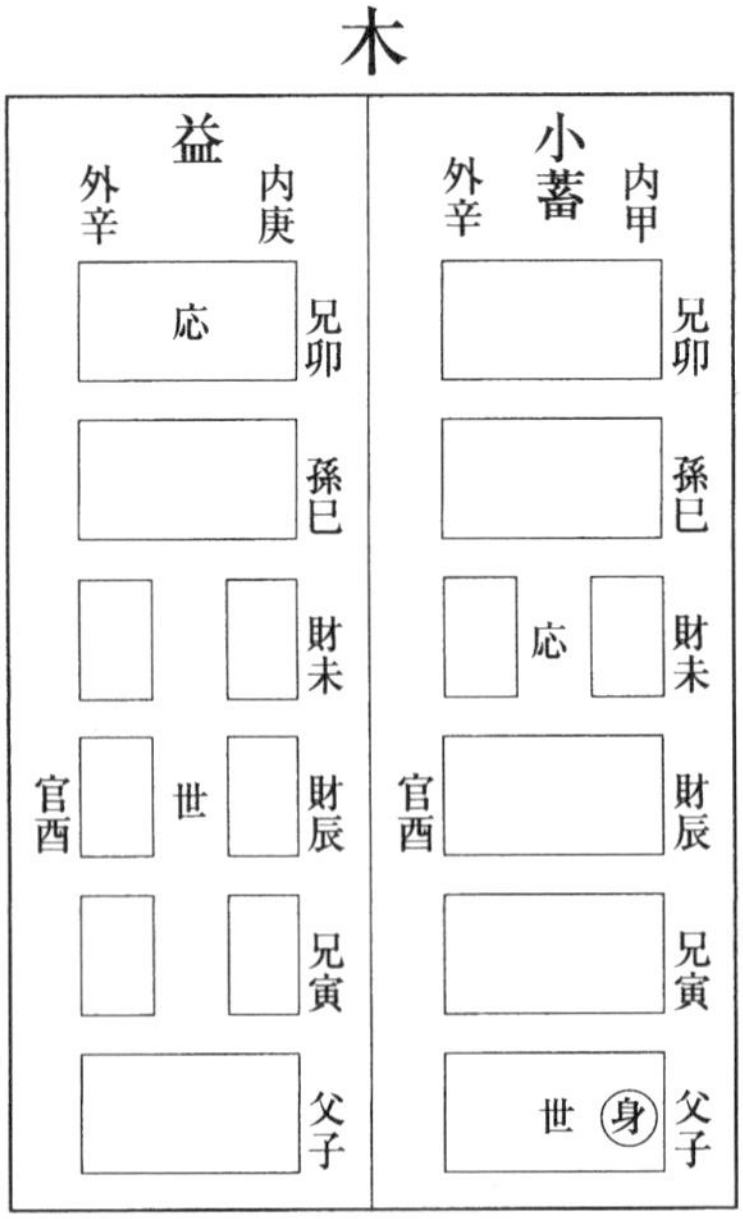
木
小蓄
外辛
内甲
兄卯
孫巳
応
財未
官酉
財辰
兄寅
世
身
父子
益
外辛
内庚
応
兄卯
孫巳
財未
官酉
世
財辰
兄寅
父子

(9)

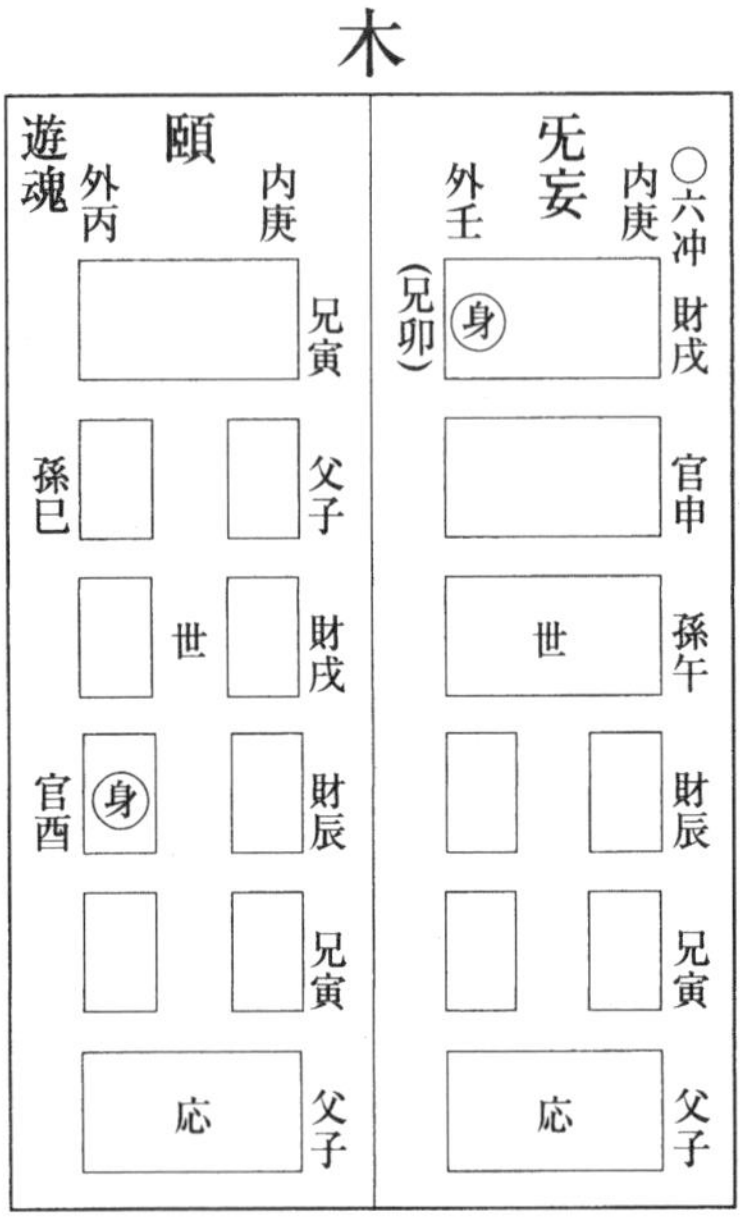
木
无妄
外壬
内庚
○六冲
(兄卯)
身
財戌
官申
世
孫午
財辰
兄寅
応
父子
遊魂
頤
外丙
内庚
兄寅
孫巳
父子
世
財戌
官酉
身
財辰
兄寅
応
父子

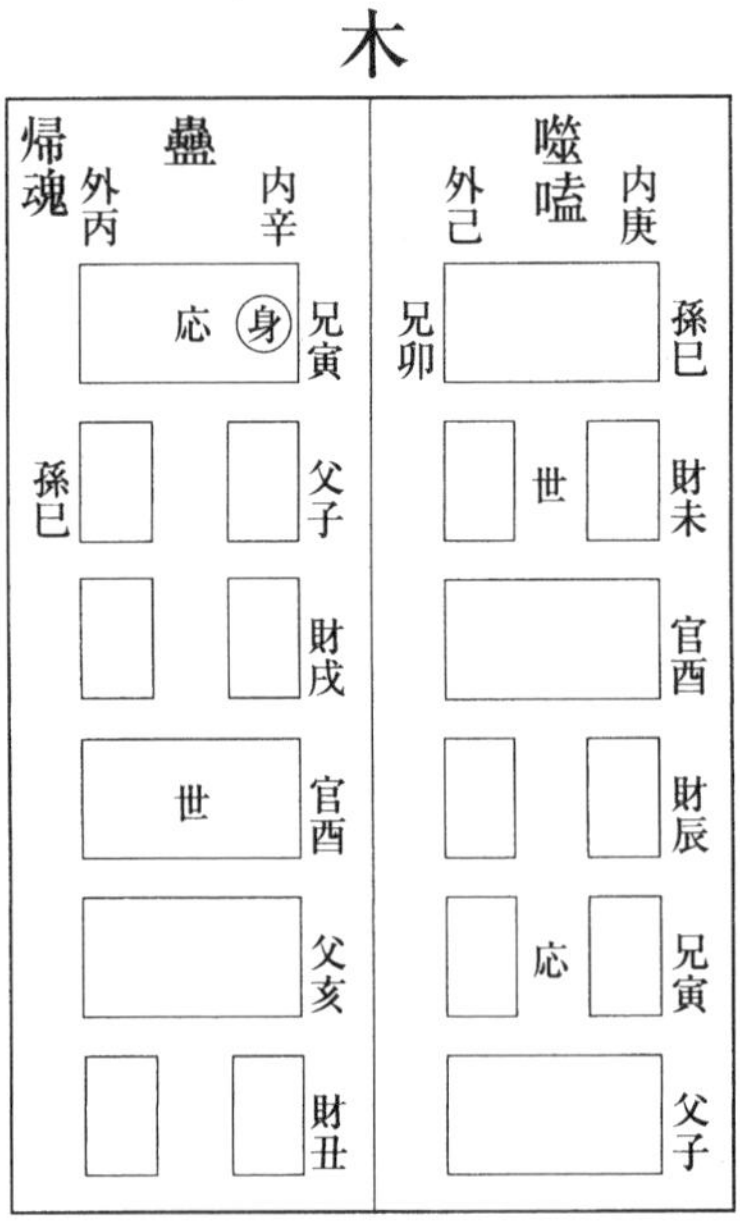
木
噬嗑
外己
内庚
兄卯
孫巳
世
財未
官酉
財辰
応
兄寅
父子
帰魂
蠱
外丙
内辛
応
身
兄寅
孫巳
父子
財戌
世
官酉
父亥
財丑

(10)

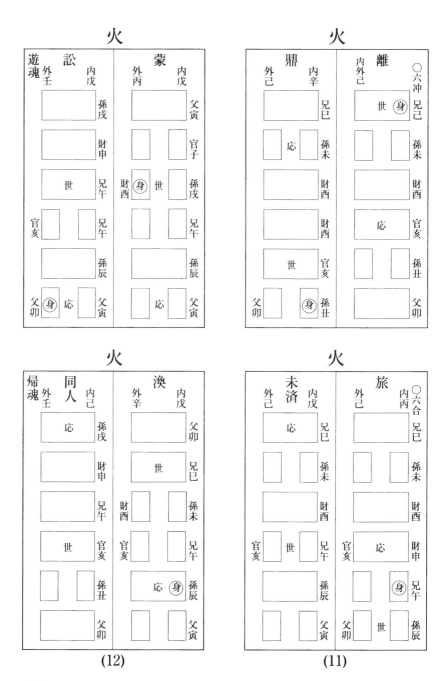

火

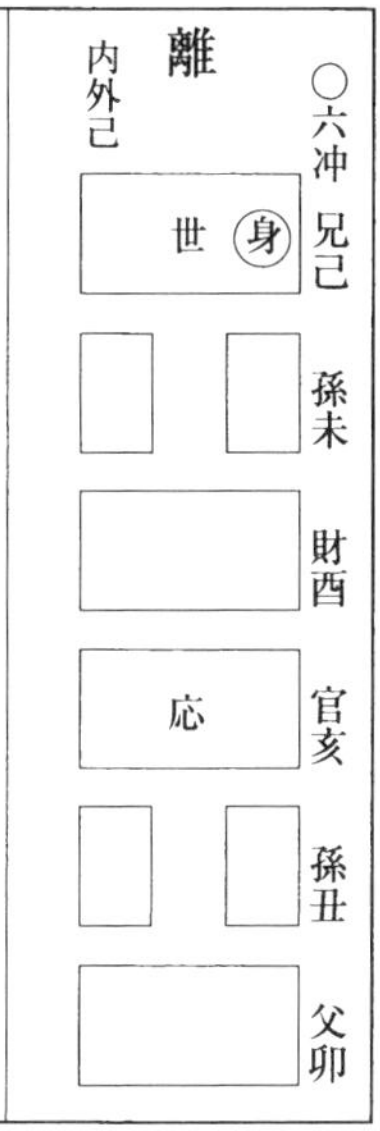
離
内外己
○六冲
世 身 兄巳
孫未
財酉
応 官亥
孫丑
父卯
鼎
外己 内辛
兄巳
応 孫未
財酉
財酉
世 官亥
身 孫丑
父卯

火

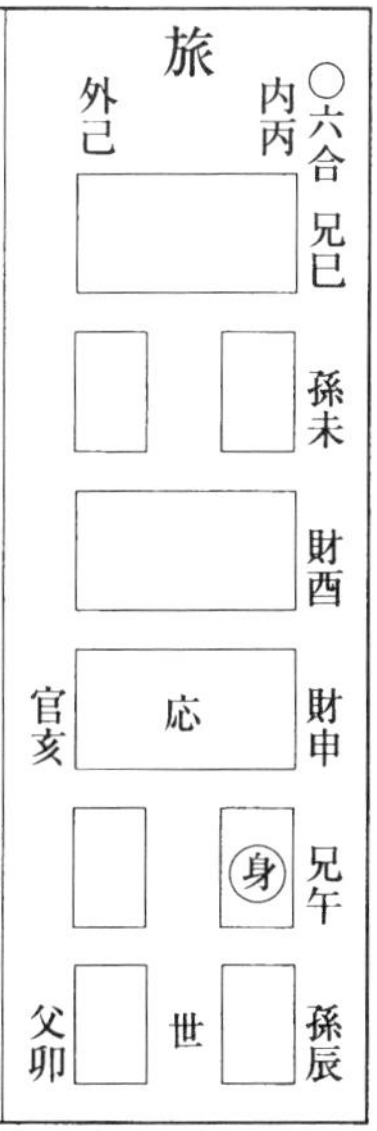
旅
外己 内丙
○六合
兄巳
孫未
財酉
官亥 応 財申
身 兄午
父卯 世 孫辰
未済
外己 内戊
応 兄巳
孫未
財酉
官亥 世 兄午
孫辰
父寅

(11)

火

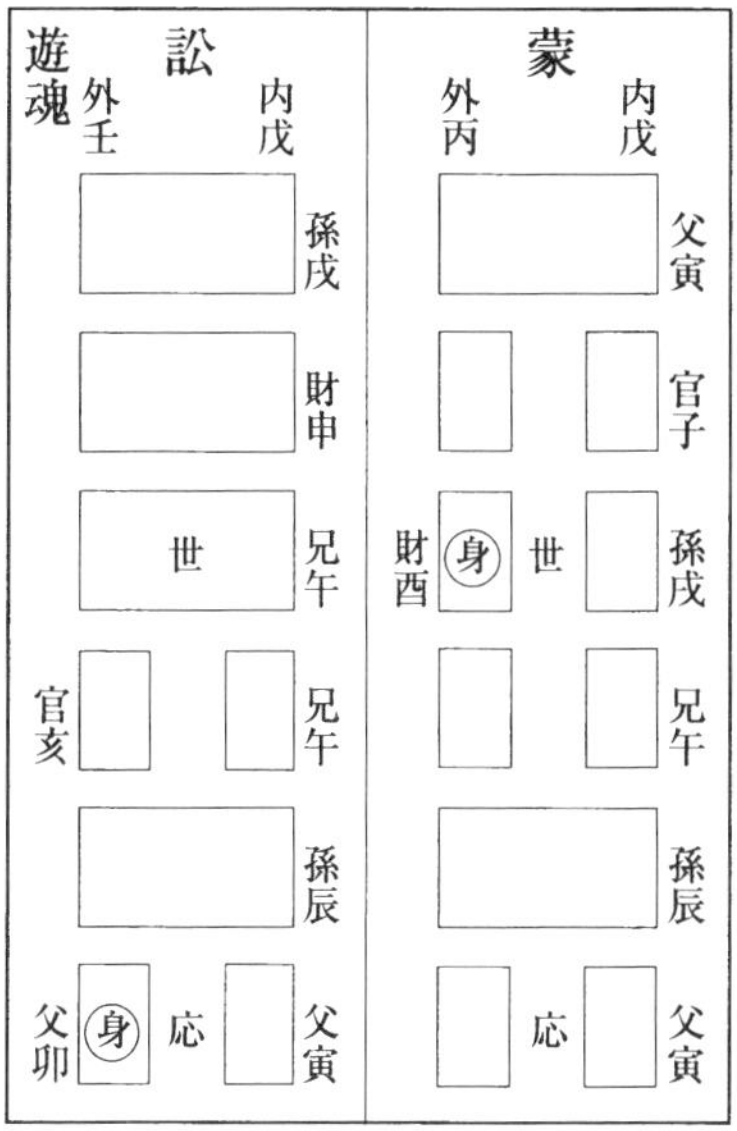
蒙
外丙 内戊
父寅
官子
財酉 身 世 孫戌
兄午
孫辰
応 父寅
訟
遊魂
外壬 内戊
孫戌
財申
世 兄午
官亥 兄午
孫辰
父卯 身 応 父寅

火

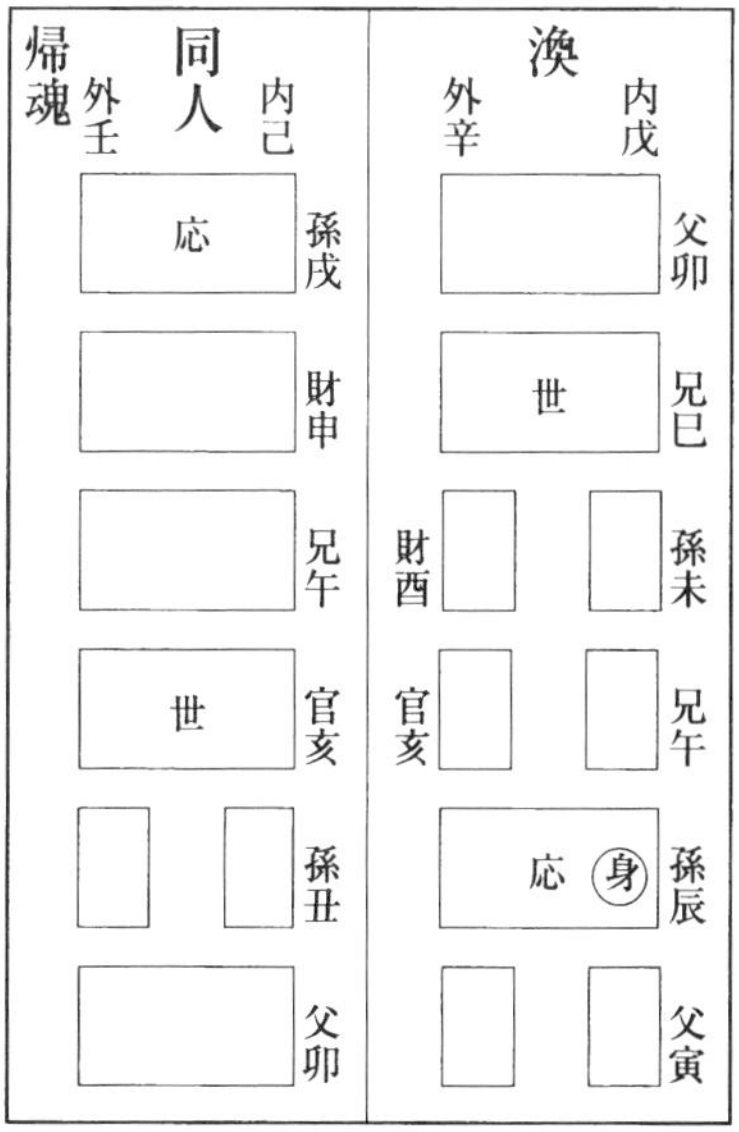
渙
外辛 内戊
父卯
世 兄巳
財酉 孫未
官亥 兄午
応 身 孫辰
父寅
同人
帰魂
外壬 内己
応 孫戌
財申
兄午
世 官亥
孫丑
父卯

(12)

坤《こん》 土

坤

○六冲

外癸　内乙

伏神	爻	世・応・身	六親
	━ ━	世	孫酉
	━ ━	身	財亥
	━ ━		兄丑
	━ ━	応	官卯
	━ ━		父巳
	━ ━		兄未

臨

外癸　内丙

伏神	爻	世・応・身	六親
	━ ━		孫酉
	━ ━	応	財亥
	━ ━	身	兄丑
	━ ━	身	兄丑
	━━━	世	官卯
	━━━		父巳

土

復

○六合

外癸　内庚

伏神	爻	世・応・身	六親
	━ ━		孫酉
	━ ━		財亥
	━ ━	応	兄丑
	━ ━		兄辰
父巳	━ ━		官寅
	━━━	世　身	財子

泰

外癸　内甲

伏神	爻	世・応・身	六親
	━ ━	応	孫酉
	━ ━		財亥
	━ ━		兄丑
	━━━	世	兄辰
父巳	━━━	身	官寅
	━━━		財子

(13)

土

大壮

○六冲

外庚　内甲

伏神	爻	世・応・身	六親
	━ ━		兄戌
	━ ━		孫申
	━━━	世	父午
(官卯)	━━━	身	兄辰
	━━━		官虎
	━━━	応	財子

需

遊魂

外戊　内甲

伏神	爻	世・応・身	六親
孫酉	━ ━	身	財子
	━━━		兄戌
	━ ━	世	孫申
	━━━		兄辰
	━━━		官寅
	━━━	応	財子

土

夬

外丁　内甲

伏神	爻	世・応・身	六親
	━ ━		兄未
	━━━	世	孫酉
	━━━		財亥
	━━━	身	兄辰
父巳	━━━	応	官寅
	━━━		財子

比

帰魂

外戊　内乙

伏神	爻	世・応・身	六親
	━ ━	応	財子
	━━━		兄戌
	━ ━	身	孫申
	━ ━	世	官卯
	━ ━		父巳
	━ ━		兄未

(14)

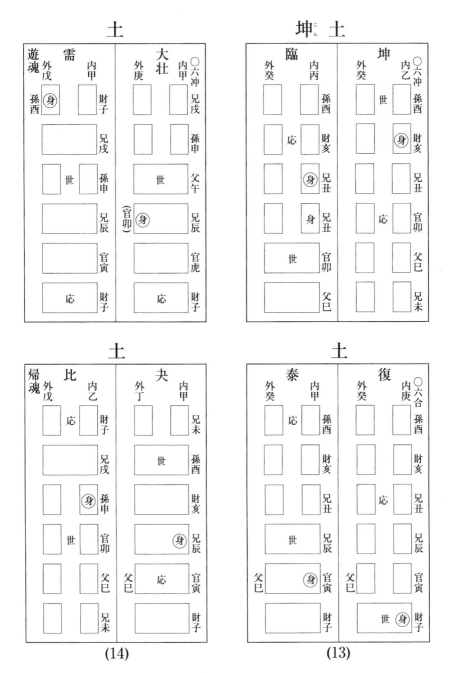

兌　金

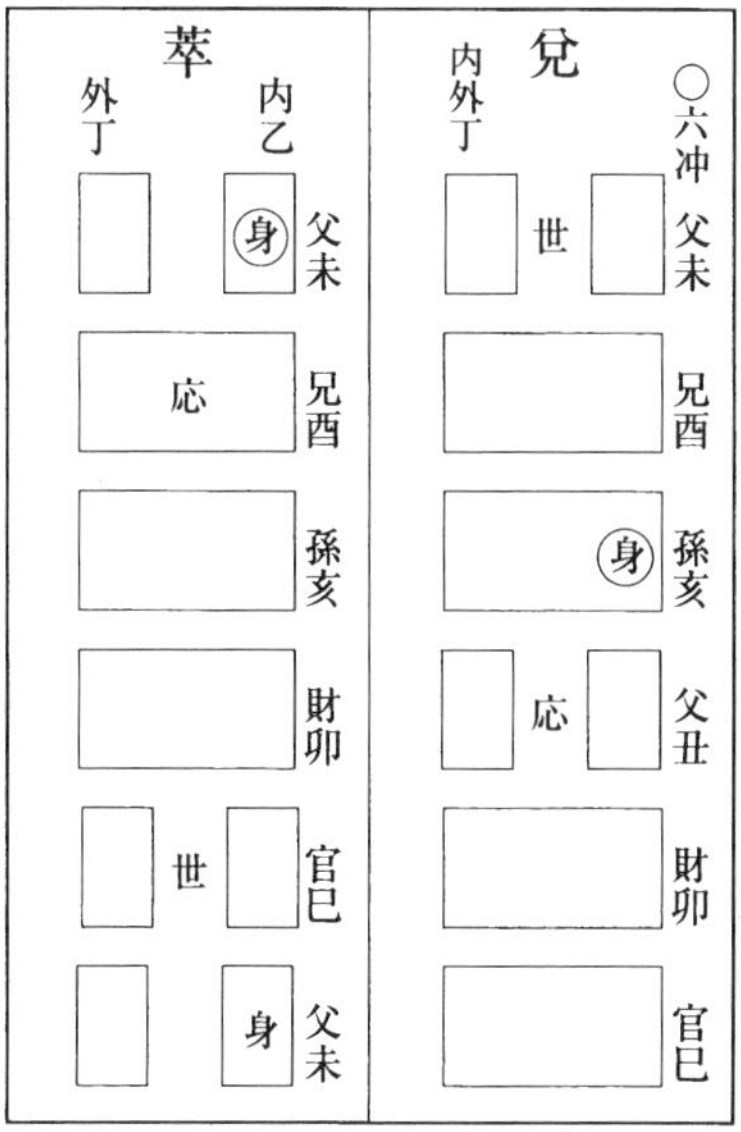
兌
内外丁
○六冲
父未
世
兄酉
孫亥
身
父丑
応
財卯
官巳
萃
外丁
内乙
父未
身
兄酉
応
孫亥
財卯
官巳
世
父未
身

金

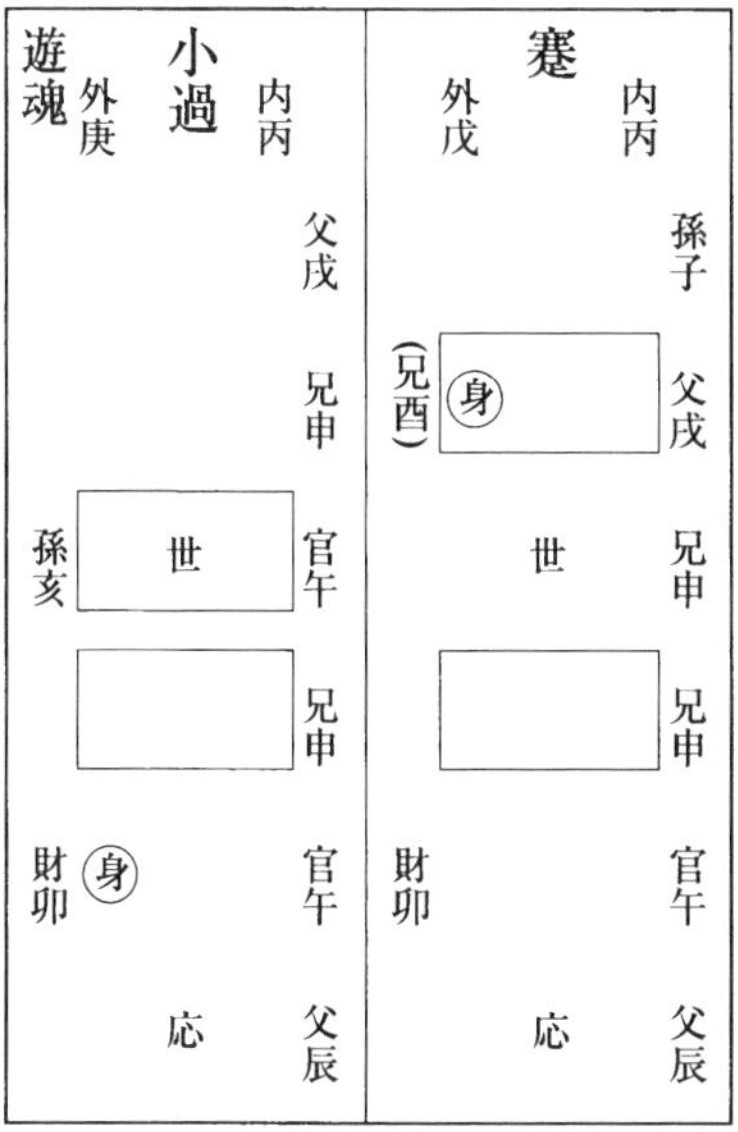
蹇
外戊
内丙
孫子
父戌
(兄酉)
身
兄申
世
兄申
官午
財卯
父辰
応
小過
遊魂
外庚
内丙
父戌
兄申
官午
世
孫亥
兄申
官午
財卯
身
父辰
応

金

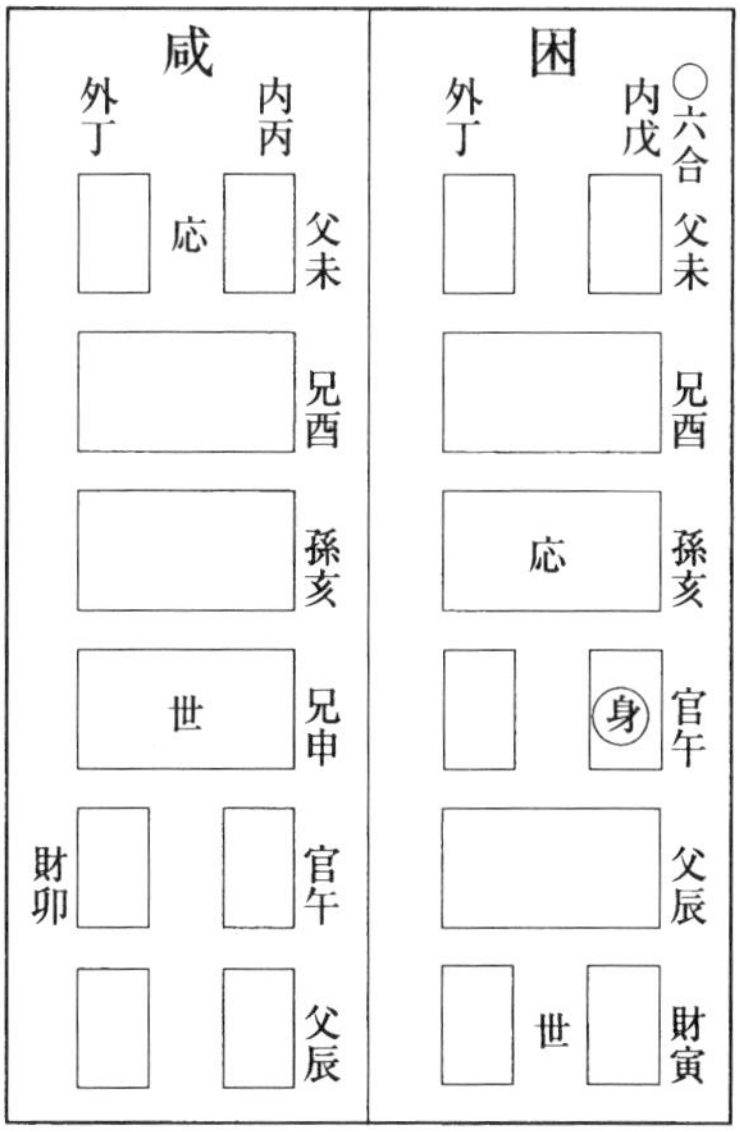
困
外丁
内戊
○六合
父未
兄酉
孫亥
応
官午
身
父辰
財寅
世
咸
外丁
内丙
父未
応
兄酉
孫亥
兄申
世
官午
財卯
父辰

(15)

金

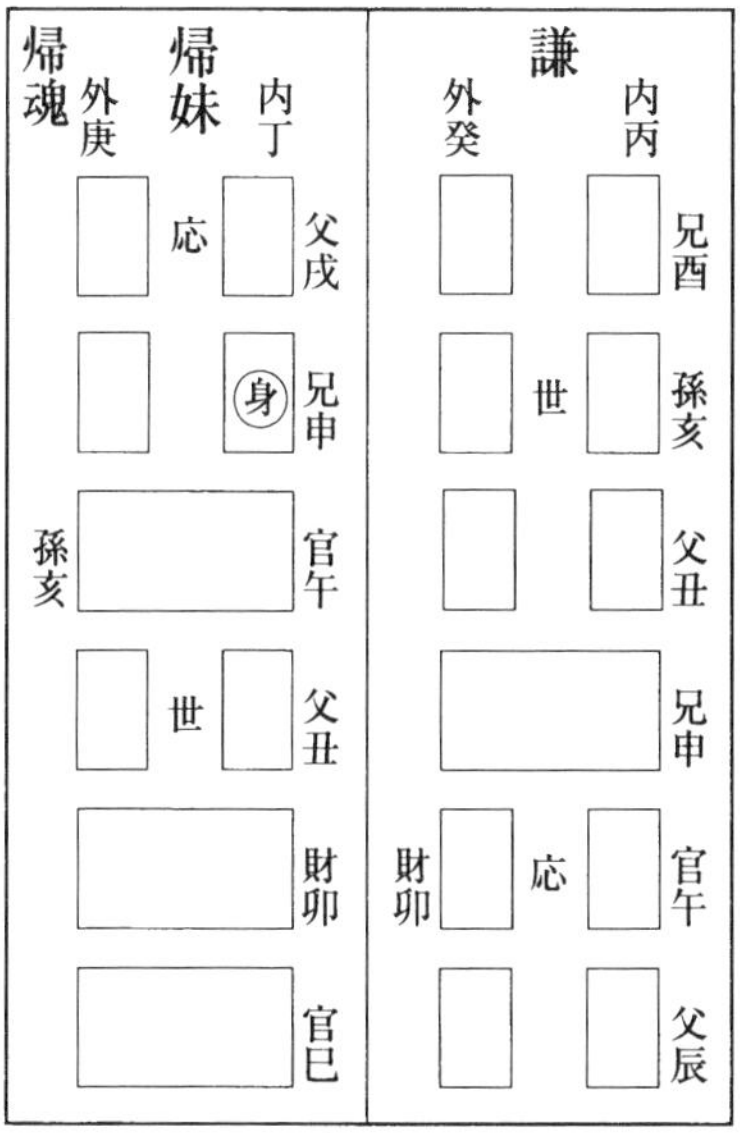
謙
外癸
内丙
兄酉
孫亥
世
父丑
兄申
官午
財卯
応
父辰
帰妹
帰魂
外庚
内丁
父戌
応
兄申
身
官午
孫亥
父丑
世
財卯
官巳

(16)

〈六十四卦表〉

下卦＼上卦	坤《こん》	艮《ごん》	坎《かん》	巽《そん》	震《しん》	離《り》	兌《だ》	乾《けん》
乾《けん》	地《ち》天《てん》泰《たい》	山《さん》天《てん》大《たい》蓄《ちく》	水《すい》天《てん》需《じゅ》	風《ふう》天《てん》小《しょう》蓄《ちく》	雷《らい》天《てん》大《たい》壮《そう》	火《か》天《てん》大《たい》有《ゆう》	沢《たく》天《てん》夬《かい》	乾《けん》為《い》天《てん》
兌《だ》	地《ち》沢《たく》臨《りん》	山《さん》沢《たく》損《そん》	水《すい》沢《たく》節《せつ》	風《ふう》沢《たく》中《ちゅう》孚《ふ》	雷《らい》沢《たく》帰《き》妹《まい》	火《か》沢《たく》睽《けい》	兌《だ》為《い》沢《たく》	天《てん》沢《たく》履《り》
離《り》	地《ち》火《か》明《めい》夷《い》	山《さん》火《か》賁《ひ》	水《すい》火《か》既《き》済《せい》	風《ふう》火《か》家《か》人《じん》	雷《らい》火《か》豊《ほう》	離《り》為《い》火《か》	沢《たく》火《か》革《かく》	天《てん》火《か》同《どう》人《じん》
震《しん》	地《ち》雷《らい》復《ふく》	山《さん》雷《らい》頤《い》	水《すい》雷《らい》屯《ちゅん》	風《ふう》雷《らい》益《えき》	震《しん》為《い》雷《らい》	火《か》雷《らい》噬《ぜい》嗑《ごう》	沢《たく》雷《らい》随《ずい》	天《てん》雷《らい》无《む》妄《もう》
巽《そん》	地《ち》風《ふう》升《しょう》	山《さん》風《ぷう》蠱《こ》	水《すい》風《ふう》井《せい》	巽《そん》為《い》風《ふう》	雷《らい》風《ふう》恒《こう》	火《か》風《ふう》鼎《てい》	沢《たく》風《ふう》大《たい》過《か》	天《てん》風《ぷう》姤《こう》
坎《かん》	地《ち》水《すい》師《し》	山《さん》水《すい》蒙《もう》	坎《かん》為《い》水《すい》	風《ふう》水《すい》渙《かん》	雷《らい》水《すい》解《かい》	火《か》水《すい》未《び》済《せい》	沢《たく》水《すい》困《こん》	天《てん》水《すい》訟《しょう》
艮《ごん》	地《ち》山《ざん》謙《けん》	艮《ごん》為《い》山《ざn》	水《すい》山《ざん》蹇《けん》	風《ふう》山《ざん》漸《ぜん》	雷《らい》山《ざん》小《しょう》過《か》	火《か》山《ざん》旅《りょ》	沢《たく》山《ざん》咸《かん》	天《てん》山《ざん》遯《とん》
坤《こん》	坤《こん》為《い》地《ち》	山《さん》地《ち》剥《はく》	水《すい》地《ち》比《ひ》	風《ふう》地《ち》観《かん》	雷《らい》地《ち》予《よ》	火《か》地《ち》晋《しん》	沢《たく》地《ち》萃《すい》	天《てん》地《ち》否《ひ》

あとがき

占いも多種多様ですが、私の長い実践から見ますと、合性や性格、適性は私の『日盤鑑定法』（東洋書院）が、分かり易いので、ぜひお勧めいたします。

また『四柱推命』も役に立ちます。

さらに、吉か凶か、二者択一の占法は、やはり断易（五行易）がよいと思います。

人の運命は、「多元複雑方程式」でありますから、一つの占法だけではなく、各種の占法を学ぶ必要があります。

なお、開運のためには『奇門遁甲《きもんとんこう》』が大変役に立ちます。

本書は、初歩から分り易く解説しておりますので、根気良く勉強して下さい。

単純な占法は役に立ちません。活用を心から祈念いたします。

【著者紹介】

角山 素天（かくやま そてん）
大正 13 年（1924）群馬県沼田市生まれ。
主な著書に『自己催眠健康法』『赤ちゃんの名前のつけ方』『日盤鑑定法入門』（東洋書院刊）『気学九星秘伝杭打開運法』（東洋書院刊）

五行易の学び方 日盤鑑定法

２００６年３月21日 第１刷発行
２０２１年９月22日 第２刷発行

定 価――本体２、７００円＋税
著 者――角山素天
発行者――斎藤 勝己
発行所――株式会社東洋書院
〒１６０－０００３
東京都新宿区四谷本塩町15－８－８Ｆ
電 話 ０３－３３５３－７５７９
ＦＡＸ ０３－３３５８－７４５８
http://www.toyoshoin.com
印刷所――株式会社平河工業社
製本所――株式会社難波製本

ISBN978-4-88594-547-2